国家出版基金项目
NATIONAL PUBLICATION FOUNDATION

中國音韻學導論

羅常培 ◎ 著

山西出版傳媒集團
山西人民出版社

圖書在版編目(CIP)數據

中國音韻學導論 / 羅常培著. —太原：山西人民出版社，2015.3
(近代名家散佚學術著作叢刊 / 許嘉璐主編)
ISBN 978-7-203-08964-3

Ⅰ.①中… Ⅱ.①羅… Ⅲ.①漢語－音韻學－研究
Ⅳ.①H11

中國版本圖書館CIP數據核字(2015)第037107號

中國音韻學導論

主　　編	許嘉璐
著　　者	羅常培
責任編輯	梁晉華
助理編輯	張　潔

出 版 者	山西出版傳媒集團·山西人民出版社
地　　址	太原市建設南路21號
郵　　編	030012
發行營銷	0351-4922220　4955996　4956039
	0351-4922127(傳真)　4956038(郵購)
E－mail	sxskcb@163.com　發行部
	sxskcb@126.com　總編室
網　　址	www.sxskcb.com

經 銷 者	山西出版傳媒集團·山西人民出版社
承 印 廠	山西出版傳媒集團·山西人民印刷有限責任公司

開　　本	700mm×970mm　1/16
印　　張	10
字　　數	107千字
印　　數	1—3000册
版　　次	2015年3月　第一版
印　　次	2015年3月　第一次印刷
書　　號	ISBN 978-7-203-08964-3
定　　價	25.00圓

《近代名家散佚學術著作叢刊》編委會

總 主 編　許嘉璐

編 委 會　王紹培　王繼軍　許石林　李明君
　　　　　汪高鑫　趙　勇　梁歸智　樊　綱
　　　　　（按姓氏筆畫排序）

總 策 劃　越衆文化傳播·南兆旭

出版工作委員會
　　主　任　李廣潔
　　副主任　姚　軍　石凌虛
　　委　員　周　威　梁晉華　徐　勝　顔海琴
　　　　　　張文穎　秦繼華　馮靈芝　張　潔

設計總監　李尚斌
設計製作　王秀玲　何萬峰　歐陽樂天

出版説明

　　《近代名家散佚學術著作叢刊》選取一九四九年以後未再刊行之近代名家學術著作共一百二十册，編例如次：

　　一、本叢書遴選之著作在相關學術領域具有一定的代表性，在學術研究方向、方法上獨具特色。

　　二、爲避免重新排印時出錯，本叢書原本原貌影印出版。影印之底本皆經專家組審定，原書字體大小，排版格式均未做大的改變，原書之序言、附注皆予保留。

　　三、本叢書分爲八大類，以作者生卒年編次。

　　四、爲使叢書體例一致，本叢書前言後記均采用繁體字排版。

　　五、個别頁碼較少的版本，爲方便裝幀和閱讀，進行了合訂。

　　六、少數學術著作原書内容有個别破損之處，編者以不改變版本内容爲前提，部分進行修補，難以修復之處保留缺損原狀。

　　七、原版書中個别錯訛之處，皆照原樣影印，未做修改。

　　八、所選版本之抽印本頁碼標注，起始至所終頁碼均照原樣影印，未重新編排標注新頁碼。

　　由於叢書規模較大，不足之處，殷切期待方家指正。

總 序

披沙瀝金，以爲鏡鑒

◇ 許嘉璐

　　多年來有一個問題始終在我腦中盤桓：爲什麽在十九世紀末到二十世紀初，在短短的幾十年裏，中國的各個學術領域竟涌現了那麽多大師級的人物？這是中國近代史上一個極爲重要的現象，我認爲，如果不能給出令人滿意的答案，我們撰寫的近代學術史將是不完整的，甚至是缺乏靈魂的。後來我知道，著名人類學家克羅伯曾提出過一個問題：爲什麽天才成群地來？看來這種現象的出現並非中國所獨有，思考其所以然的也大有人在。而在那一次世紀之交中國的情況，似乎應驗了"天才成群地來"這個令克氏久久不解的疑問。錢學森先生曾從相反的方向提出了相同的疑問：爲什麽我們這個時代出現不了杰出人才？後來人們稱這個問題爲"錢學森之謎"。

　　要回答這些疑問不是件容易的事。與其迅速地囫圇地探尋，不如先多了解那些讓中國近代學術（應該包括人文科學和自然科學）史上閃耀着光輝的大師們的作品和自述，從而在腦海里盡量"復原"他們所處的環境和在那種環境下的心理路徑，從中或許可以得到一些啓示。

　　有一點是顯然的，這就是他們雖然都已遠離塵世而去，但是他們獨立思考的品性、求知治學的真誠、困厄窮愁中對節操的堅守，恐怕是他們共同的主觀因

素，一直影響到現在，而且將會永遠留存下去。

就思想界、學術界而言，二十世紀上半葉是一個新說和舊說碰撞，中學和西學融匯的大時代。那時的學人極爲重視言行操守，同時具備現代知識分子的理想信念；他們的學術研究十分純淨，絕少功利因素；他們的視界開闊，以包容的心態和嚴謹的風格造就了成果的大氣與厚重。至於在客觀因素一面，他們實際是在用工業化時代的事實解說着太史公所說的名山之作"大抵聖賢發憤之所爲作"，困厄苦難使得他們"皆意有所鬱結"。這種鬱結，幾乎和個人的名利毫無牽涉，他們永遠不能釋懷的，是民族的存亡、國運的興衰、民衆的福禍和文脈的續斷。

那個時代也是近代歷史上最大規模的中西古今學術調適、創新的時期，學術方法上的交互滲透和融合、創新亦可謂"於斯爲盛"。斯時之學人是要在封閉的屋牆上鑿出窗子的勇士，是使人能夠看看外部世界的第一批導夫先路者；或者可以說，他們是在"意有所鬱結"時"彷徨"和"吶喊"的"狂人"。

相對於那時的哲人們，後來者是幸運兒。現在的形勢是，近三十年來學界空前繁榮，衆多學科有了長足之進，其中很重要的一點是學界有了更新穎、更廣闊的國際視野，似乎接續上了百年前的學壇盛事。但細想想，"古"與"今"還是有差別的。其異，主要不在於世界情勢、學術進展、工具改善這些客觀存在，而在於在廣泛吸收各國優長的同時，自身文化的主體性越來越受到重視，換言之，"拿來主義"已經延長了"拿來"的程序，加上了試用、甄別、篩選、吸收、融合、成長。就我孤陋所見，在當今地球上，面向所有異質文明，努力汲取我之所缺，其範圍之大和心態之切，似乎無出中國之右者。從這個角度說，我們已經超越了前輩。但是事情還有另外一面，學術，特別是人文學科，其職業化、"沙龍化"和功利性，以及隨之而來的浮躁病却嚴重了。從這個角度說，是不是我們已經後退得夠可以的了？而這是不是我們這個時代出不了大師的原因之一呢？

民國學術界的特點之一是極爲注重對傳統的反省、批判與繼承。他們對傳統文化盡最大的努力進行整理和研究。一方面，由於戰亂頻仍，民不聊生，學者們擔起了讓中華文化薪火相傳的歷史責任；另一方面，他們要通過對中國傳統文化的整理、挖掘來重振民族自信心。這一時期對傳統文化進行整理的全面而深入是前所未有的，舉凡文字學、語言學、經濟學、法學、哲學、政治制度、書法繪畫、金石學……規模之宏大，研究之精微，令人嘆爲觀止。

民國學術推動了現代學科體系的建立。在對傳統文化整理和研究的基礎上，吸收西方的文化思想和理念，推動和建立了中國現代學科體系。例如，在對語言文字和音韵學成果進行整理、研究的基礎上開始着手規範之，建立了國語學；深入研究書法、國畫，將其融入了現代美術學科；在廢除舊有學制後逐步建立起小、中、大學較完整的科目和學科體系。

民國學術也改變了傳統學術方式，建立了新的研究範式。以現代科學考古爲發端，科研的實踐和成果使中國知識界真正認識到在實驗、比較基礎上的邏輯分析對學術研究的重要，推進了中國學術的一大演變。至於我們常說的打破士大夫傳統、走出書齋到田野鄉村和市民中進行調查研究、結束了經學時代、以歷史眼光檢視儒學和諸子等等，都是確立新學術範式的努力。這一轉變，也標誌着中國學術界脫胎換骨，全面進入了現代，爲此後的學術發展奠定了堅實的基礎。當然，西方啓蒙運動以來，在"現代性"和"現代化"裏潛伏着的缺陷和謬誤也傳到了中國，這些不能不在前哲的著作裏留下痕迹。這並不奇怪。類似的情況，古往今來孰能免之？猶如今天的我們，誰敢自稱我之所見就是永恒的真理？在這個問題上兩個時代所異者，或許就在昔時大家創立新說或譯註西學著作，往往是懷着對學術和前哲的敬畏而爲之，故而常常誤不在我；當今則往往出於對學問和他人的輕蔑，或以所研究的對象爲謀己的工具，因而難辭主觀之咎吧。翻閱他們的

心血之作，這些復雜的狀況可以顯見，可以視之爲我們的一面鏡子。

　　滄海桑田，世事變幻，歷史的動盪和時代的遮蔽，使當年許多大師的一些極有價值的學術著作被棄於故紙堆中，不能不令人有遺珠之憾。爲此，山西人民出版社不惜以數年之艱辛，披沙瀝金，編輯出版這套《近代名家散佚學術著作叢刊》，凡一百二十册，計文學、史學、政治與法律、美學與文藝理論、民族風俗、宗教與哲學、經濟、語言文獻共八大類別。所選皆爲作者之純學術著作，無論是其見解、精神，抑或是其時代烙印，都是後輩學人可資借鑒的寶貴財富。他們出版這套叢書，意在讓世人不忘來程，知篳路藍縷之不易，爲民族文化的傳承再增薪木。

　　出版社的初衷，與我近年來所思所慮近似，故願略述淺見於書端，以與策劃者、編輯者和讀者共勉。

二〇一四年七月六日
改定於自安東回京途中

前 言

二十世紀学术大厦散落的珍贵基石 ◇ 李明君

　　二十世紀前期,注定是中國學術研究跨入現代科學發展風雲際會的時代,它基本上奠定了本世紀學術大廈的基礎。

　　進入二十一世紀後,當我們站在輝煌學術大廈的頂端,躊躇滿志地回眸近百年學術成果的時候,在大廈的上空,似乎迴旋着一種久已消逝的聲音;在大廈的背後,似乎散落着一些久已塵封的基石——它們,便是一些散佚的二十世紀前期的學術著作。這些在當時乃至後來都産生過重大影響的名家學術著作,一九四九年以後,基本上没有在大陸再版,因而逐漸沉没在忘卻的海洋裏。

　　七八十年之後,當我們拂去灰塵,重新審視這些散佚的學術著作時,才發現它們的價值是如此的珍貴,成果是如此的豐厚,研究是如此的深入,而傾注的情感又是那麼的深沉。重讀這些經典,仿佛是聆聽這些儒雅的學者給我們講述民國學術的蹉跎歲月,唤醒了我們久已淡忘的歷史記憶。

一、西學東漸與承前啓後

　　二十世紀前期,西風東漸,中西文化交流擴大,新知識、新觀念大量涌入我國。倡導科學精神與采用科學研究方法,不僅衝擊了中國原有的知識體系和思想觀念,更爲現代學術思想的更新和研究拓展了空間。

　　這一時期的學術研究集中地體現在繼承、清理傳統學術的 "承續先哲將墜之

業"和"開拓學術之區宇，補前修所未逮"（陳寅恪《王靜安先生遺書·序》）兩個方面。學者們既是傳統學術的繼承者，又是現代學術的開拓者。

二、清理拓荒與學術奠基

辛亥革命之後，社會文明進步，文化教育普及，學術研究也力求使高深的學問向普及的大衆化知識轉化。故而，其時以基礎的和通論性的著作爲多見。

例如，邵鳴九的《國音沿革六講》、胡以魯的《國語學草創》、羅常培的《國音字母演進史》、吳貫因的《中國文字之起源及變遷》以及王力的《漢字改革》等即屬此類。

而論點集中的專題性論著，如王力的《南北朝詩人用韵考》、王光祈的《中國詩詞曲之輕重律》、白滌洲《關中入聲之變化》等，則以其研究深入和範疇擴展而更有價值。

這些學人以杰出的膽略、識見、才華，以及對本學科知識的通體了解，破除成見，大膽創新，開創了二十世紀學術發展的新局面。

三、學出多門與新式教育

這些學者們知識豐厚，見解獨到，憑藉着傳統文化的根底和新銳的西方現代學術觀念，意氣風發地縱橫文壇，在多個領域都有建樹。

他們大多具備深厚的國學修養：如夏敬觀爲清光緒年舉人，工詩善詞，兼治經學。盧冀野是曲學大師吳梅的門生，錢玄同爲國學大師章太炎的弟子。

而新式的學校教育和出國留學則直接學習西方科學的理論和方法，爲中國的學術研究注入了新的活力。

本編的作者們大多留學於歐美東洋，有過親炙現代學術導師和受現代學術訓練的經歷。如沈兼士、胡以魯、吳貫因等曾留學日本，王力留學法國，周傳儒有過英國劍橋、德國柏林大學的求學經歷，而王光祈則客居德國十多年，於政治經濟學與音樂學多有研究。

这些學者們歸國以後，或執教於高等學府教書育人，或投身於科研機構潛心工作，爲以後的著書立説進行知識的儲備。

本編中周傳儒、羅常培、顧實的著作即是在大學講義的基礎上創作的，白滌洲的《關中入聲之變化》也是在陝西關中四十二縣方言調查的基礎上撰成的。由於這些著作經過教學實踐和實地考察，因而研究成果扎實，學術含量深厚。

本編不少作者除音韵研究術有專攻之外：邵鳴九在傳統經學、幼兒教育、日本教育、地方行政教育、院校學科管理方面著述甚多；王光祈有音樂、戲劇、美術、國防、外交、政治方面的譯作論著幾十種；盧冀野於古代戲曲、詞曲、詩歌、小説、散曲、舊體詩等方面也著述豐厚。

民國學者知識廣博，師出多門，不囿一業，是一種非常普遍的現象。

四、資料功夫與科學解釋

王國維先生曾説："古來新學問起，大都由於新發見。"（王國維《最近二三十年中中國新發見之學問》）掌握新資料，采用現代科學理論研究新問題，是二十世紀前期學術研究的鮮明特點。

民國初年，地不愛寶，考古新材料如殷墟甲骨、敦煌遺書、西陲簡牘相繼出現，爲現代學術研究提供了豐富的資料基礎。學者們充分利用考古新資料和西方現代音韵學研究的理論及方法，使語言文獻學的研究得到長足的發展。

例如，周傳儒的《甲骨文字與殷商制度》就利用了殷墟考古出土的甲骨文資料，魏建功的《十韵彙匯編資料補並釋》則利用了國內外的敦煌石窟、高昌古城發現的古韵書新資料。

而胡以魯采用現代人類學、心理學、生理學理論對語言的發生、變化以及口舌發音的科學解釋，王光祈將我國"平聲"之字與近代西洋語言之"重音"與古希臘文字之"長音"的比較，以及白滌洲采用幾十幅圖表反映關中方言入聲變化規律的研究，都令人耳目一新。

這些學者們在研究問題時采用的資料之豐富、理論之新穎、考察範圍之廣袤、考釋方法之縝密，都是傳統研究者所難以達到的。

五、良好的學術環境與端正的學術風氣

經過了六七十年的時空距離，我們似乎不得不承認一九二七年至一九三七年的這十年，雖然社會動盪、戰亂時起，但卻是中國學術發展環境、學者精神狀態與物質待遇都相對優越的年代。這十年間，中外學術交流頻繁，科學研究興盛，學術成果豐碩。本編作品，基本上都撰成或出版於這十年。

這期間學術研究的繁榮與發展主要表現在以下諸方面：

（一）前輩學者對新學者的推崇獎掖

民國初期，前輩學者對青年學子的獎掖成為風氣：梁啓超就盛贊清華國學院學生王力的《中國古文法》爲"精思妙悟，可爲斯學辟一新途徑"。章太炎也稱譽胡以魯的新著爲"精微畢輸，黃中通理，其用心可謂周矣"（章炳麟《國語學草創》序）。而當時的胡以魯才僅僅是個留日歸國的本科學士。

（二）學術觀點表達自由，學術爭論視爲雅事

學術爭論是提高保持學術活力、學術質量，維護學術尊嚴的重要形式。學術爭論提倡百家爭鳴，以理服人。

學者周祖謨針對音韻學研究中固守舊說的現象，認爲"學者求知，貴得其真，豈可專己守殘，隨聲附和"（周祖謨《古音有無上去二聲辨·字辨第五》）。顧實也以"發明古籍之奧蘊，是正世儒之訛謬"（《重考古今僞書考·蔣維喬序》）的膽略，重考清代辨僞名著《古今僞書考》。

學者邵鳴九針對有人視唐代三十六字母與北宋《廣韵》爲金科玉律的觀點，風趣地說：從周到秦"若說這一千年之中，標準音一些也沒有變，姬昌和嬴政竟可促膝而談，相說以解，恐怕沒有這種情理"（邵鳴九《國音沿革六講》）。

那個時候，不僅學術評價實事求是，而且學者之間相互尊敬，有着良好的學

術氛圍。

例如，沈兼士就"極爲感謝"李方桂、林語堂、魏建功等人對其"右文説"的專函討論，認爲"諸説均足訂補鄙見之不足"（沈兼士《右文説在訓詁學上之沿革及推闡》附識），體現了一種學人的雅量。

吳貫因針對拼音字母必將取代漢字的時論，力排衆議，認爲"全廢漢字，前途尚覺遼遠"（吳貫因《中國文字之起源及變遷》）。現代漢字發展證明他的預見是正確的。

(三) 學風嚴謹，資料來源清楚

嚴謹的學風與註明資料來源，是學術品德高尚的表現。白滌洲在著作中附錄的《關中入聲變讀聲調譜部首索引》，是自古以來傳統文獻所鮮見，而現代學術著作不可或缺的書籍檢索構成。

魏建功、邵鳴九、王力等學者在引用他人論述時，均説明來源，標明作者的時代、書名、篇章，對引文亦如實迻録，低兩格排印，以示鄭重。既不掠人之美，又無曲解原義。

(四) 學風端正，著述言簡意賅

本文作者曾經統計了語言文字編的八九本著作的頁碼與字數：其中頁碼最多、書籍最厚者是胡以魯的《國語學草創》，一百四十七頁，頁碼最少、書籍最薄者爲王光祈的《中國詩詞曲之輕重律》僅四十一頁；而書籍字數最多者爲七萬三千多，最少者則不足二萬。

雖然這些書籍都很薄，但在撰寫中卻用力甚勤：學術內容豐厚，書籍章節完備，文字表述精準，毫無浮滑不實的繁言蔓詞和故作深奧的賣弄之嫌。

面對這些沉甸甸的精深之作，反觀時下動輒幾十萬言的"皇皇巨著"，學術水平的高下自然不難判斷。

六、憂患意識與書生報國

"位卑未敢忘憂國"這種偉大的愛國情懷，每當國家危難之時，無論在傳統文人還是在現代知識分子身上都表現得那麼深沉。

的確，在國難之時，挺身而出，積極參與，是一種非常可敬的愛國行爲。即如《中國詩詞曲之輕重律》的著者王光祈，就積極參加過四川的保路運動和北京的"五四"遊行、籌辦過"少年中國學會"，是一位熱情的社會活動家。《廣中原音韻小令定格》的著者盧冀野，抗戰期間創作的《中興鼓吹》曾分贈前綫將士，起到了鼓舞士氣的作用。

然而，就知識分子群體來說，絕大多數人則不可能奔赴疆場，那麼像明末清初的"易堂九子"那樣，"兄弟戚友保聚一地，相與從容講文論學於乾撼坤岌之際"（陳寅恪《贈蔣秉南序》），就是一種更爲深重地延續文脈、保存國粹的愛國行爲。即如抗戰期間的西南聯大、中央研究院的學者們，在艱苦的條件下，或考察研究，或教學著述，無疑是一種文人的報國方式。

學者王力就將做學問與抗戰聯繫起來，他說："前方將士正在浴血苦戰的時候，我們這班文人還安享着國家的俸給，清夜捫心，實在慚愧。若對於國家當前的問題，也不肯本平日所學，貢獻所知，則國家養士何用？"（王力《漢字改革·自序》）知識分子的愛國真情表露無遺。

而像劉半農那樣在考察方言途中染病逝世，像白滌洲那樣，在家中連喪五位親人之後還忍痛遠赴西北進行考察，不久也因病而逝的報國行爲，就更加感人至深，令人噓唏。

書生報國，鞠躬盡瘁，死而無悔，是那一代知識分子共同的情操。

七、結集出版與刊物發表

出版印刷的興盛爲二十世紀前期的學術繁榮做出了突出的貢獻。民國時期許多優秀的學者如張元濟、高夢旦、王雲五等相繼入主出版，更多的學者如胡適、

胡愈之、沈雁冰、葉聖陶等參與編輯。他們氣度豁達，慧眼識珠，出版專著，創辦刊物，編纂文庫，結集叢書，使許多學術新見解和研究新成果得到了及時、多元的表達，加速了學術研究的發展與傳播。

　　本編的著作大多初版即爲專著。也有一些學者如沈兼士、王力、周祖謨、白滌洲等的著述卻是先發表於刊物，後來才抽印成專著的。這些抽印本有過學術討論的積澱，水平自然可嘉。

　　二十世紀初，雖然白話文與新式標點曾遭到激烈反對，但它們還是以明了通暢的形式佔據了民國文本形式的主流。本編的作者們大都能較熟練地運用白話文進行寫作，有時"因欲與引証文字相符合"，而不得已采用文言文時還特地加以説明（邵鳴九《國語學沿革六講·例言》）。這種爲讀者着想的方法無疑促進了中國學術由高深奧妙向大衆"公器"的轉變。

　　民國書刊的排列雖因時代新舊交替而橫、豎并存，但統一采用新式標點符號，則是學者們引領潮流，與時俱進思想的表現。

　　撫今追昔，當我們掀開這些泛黄的書頁，看着似曾相識的繁體字，竟萌生出一種撫摸民國學術體温的感動。

　　他們的貢獻無愧於那個時代，

　　他們的著作堪稱爲學術經典。

　　是以爲序。

二〇一四年五月十五日於三亞學院

| 作者簡介 |

　　羅常培（一八九九年——一九五八年），字莘田，號恬庵，筆名賈尹耕，齋名未濟齋。北京人，滿族，北京大學畢業。語言學家、語言教育家。曾任北京第一中學校長、西安西北大學教授、中央研究院歷史語言研究所研究員、北京大學教授、西南聯合大學中文系主任等。他畢生從事語言教學、少數民族語言研究、方言調查、音韻學研究，與趙元任、李方桂同稱爲早期中國語言學界的"三巨頭"。其學術成就對當代中國語言學及音韻學研究影響極爲深遠。

自　序

　　這本小書到現在已經八易稿了：民國十三年我在西安西北大學教文字學，關於音韻的部分，大體依據錢玄同先生的文字學音篇加以編排，很少參加自己的意見。十五年在廈門大學開中國音韻沿革一課，漸漸覺得舊來的說法有些模糊籠統的地方，要想教書絕不能'以其昏昏，使人昭昭'！於是開始瀏覽西洋語音學書籍，在重編講義時對於音理一方面加進了不少新的解釋。十六年初到廣州中山大學教音韻學，索性把在西安廈門所編的兩次稿子完全拋開，根據當時自己摸索來的一點兒語音學知識另編語體的講義。這份稿子雖然在分析音理一方面比較從前加詳，可是它對歷史音韻學一部分的比例未免有'座大於像'的毛病，而且就文體來說也稍嫌冗長。那年冬天趙元任先生因調查兩廣方言經過廣州，在他工作餘暇，我把幾年來積蓄下來的疑問澈底向他討論。這樣沒早帶晚的經過了一個星期的光景，的確比自己摸索着讀三年書受益多得多。於是轉過年來再教音韻學，我又另起爐灶的重編講義：這本小書的緒論還有一部分是採取當時舊稿的。十九，二十兩年亡友朱佩弦兄約我在清華大學的中國文學系教中國音韻沿革兩小時。於是就着我最後在廣州的改訂稿，又特別把歷史的部分加詳，印成了一百二十頁講義，却只編完了聲母一部分。這份講義雖然沒有流行，可是承王了一先生（力）不棄，在他的中國音韻學裏採取了一部分作為附錄。如今自己檢討它的毛病，我覺得它有兩個很大的缺點：第一，那時我只想把自己的研

— I —

究結果拿出來，却沒顧到學生的需要，對於分量的支配也沒統計
實際的教學時間。第二，編纂的方法本想把聲母，韻母和聲調的
沿革分別論列。所以講完了切韻反切上字的系統，便講守溫字母
源流，增刪字母的經過和中原音韻的聲類等項。可是講到國音字
母演進史的時候，這種計劃就有點兒行不通。如果再把聲，韻，
調戀割，事實上感覺很多不方便。當時對於這部分不得已把聲韻
調貫串敘述，後來並且印成單行小冊；可是對於原來的編輯計
畫，簡直自亂其例，自認失敗了！因爲這兩個缺點，以後就一直
沒繼續編下去。二十五年秋天，錢玄同先生因病不能到師範大學
上課，我和魏建功兄商定替他代講中國音韻沿革。上學期由我講
聲韻調切的總論；下學期由建功講古今音韻變遷的歷史。在我所
編的講義裏，關於聲母的部分大致由清華舊稿刪訂成的。韻母和
聲調兩部分却是當時重新編的，並沒包括在歷次講義裏頭，因此
也還沒被時賢採錄。在西南聯大那一段，建功因事離開昆明，我
一直承乏中國文學系的聲韻學概要一課。當時就用師大講義舊稿
加以修訂，並且續編'漢字標音方法之演進'一章，由陰少曾
兄（法魯）用工整的歐率更體繕寫，油印了一百份。積五六年的
經驗和學生的反應，漸漸自信這一次的改訂稿或許可以用作初學
的教科書了。三十二年朱佩弦葉聖陶兩兄本想由開明書局把它印
行，當時因爲寄遞不便，又被某出版社強把稿子拉去，遂沒有實
現；而某出版社所拉的稿子一擱四五年，結果也石沉大海了！去
年秋天我重回北大教書，因爲學生的需要，朋友的督促和李曉宇
兄（續祖）的幫忙，我才決定把它交北大出版部印行，除把全稿作

第八次的修訂外，最後又附錄了唐詩擬音舉例三十首。可惜爲縮短篇幅，節省時間起見，已經來不及把原來的古文重新譯成白話了。

我對這本小書的自信，只覺得它'可以用作初學的教科書'，並沒認爲它是高深的著作。不過，這本教科書並不是抄撮成的，而是由著者個人研究的結果提鍊成的。即使有採取前人意見的地方也是經過批判才接受的。就篇幅說，誠然不及煌煌巨冊的偉大；可是就比重說，它却不比任何同類著作輕！假如我把每條脚註加以舖張，把每個附表仔細描寫，這本書的篇幅一定比現在多出好幾倍，不過我是故意把它寫成這麼薄薄一小冊子的。

這本書的性質，仍然側重音理一方面。它的主要目標只想講明白中國音韻學裏的'聲'，'韻'，'調'，'切'四個概念。中間雖然也有涉及歷史的地方，只是想依據語音學原理把傳統的音韻學術語加以爬梳剔抉；還是橫的叙述而不是縱的叙述。至於歷史上各期音韻特徵，統通留給'各論'去討論。

卷末所附唐詩擬音舉例，是我三十二年在昆明和邢慶蘭兄合著的唐詩擬音百首的一部分。那本書的旨趣是爲幫助選修聲韻學的同學實習切韻系的擬音。卷首附有'怎樣調平仄''什麼是陰陽'二文，和唐詩百首所收字的聲類調類，韻類各表，爲是讓學生弄清楚到底兒'平仄''陰陽'是怎麼一回事。有了那樣一本書作副讀物，更可以溝通音韻學和文學的關係，'二雲居士'劉文典也不必耽心'學過音韻學還不會調平仄'了！現在爲篇幅所限，雖然沒能全部附錄，我想有三十首作練習，稍微留心一點兒

的人也儘能弄清楚這種擬音的系統了。

最後，我得謝謝爲這本書題封面的魏建功兄，和直接間接幫助這個書修訂，繕寫，校對的陰少曾殷煥先邢慶蘭喻世長馬漢麟幾位朋友。尤其要特別聲謝的是北大出版部李曉宇兄和他的同事工友們！像這樣一本滿是怪符號的書，如果沒有他們合作，我相信在現在的印刷情境之下，它是沒法兒和讀者見面的。

中華民國三十八年，'五四'第三十週年，羅常培序於國立北京大學文科研究所，語音樂律實驗室。

中國音韻學導論

目　錄

內容	頁數
自　序	I
目　錄	V
第一講　緒論	1
1·1 音韻學與音韻沿革	1
漢字音素之分析	1
中國音韻學之定義	1
字音之古今流變	1
1·2 音韻學之功用	2
音韻學與語言學之關係	3
音韻學與文字學之關係	3
音韻學與校讎學之關係	3
音韻學與文學之關係	4
1·3 音韻學研究法	5
審音	5
明變	5
旁徵	6
袪妄	6
1·4 古今音韻變遷大勢	7
第一期　周秦古音	7

第二期　兩漢古音 ………………………… 8
　　第三期　切韻前期 ………………………… 8
　　第四期　切韻後期 ………………………… 10
　　第五期　北音時期 ………………………… 10
　　第六期　音標時期 ………………………… 11

第二講　聲類之分析

2·1 聲母之定義 …………………………… 12
　　聲母之異名 ……………………………… 12
　　發音器官部位圖 ………………………… 13

2·2 輔音之發音部位 …………………… 13
雙脣音	Bilabials	13
脣齒音	Labio-dentals	14
齒間音	Inter-dentals	14
舌尖前音	Dentals	14
舌尖中音	Alveolars	14
舌尖後音	Supradentals	15
混合舌葉音	Apico-dorsals	15
舌面前音	Prepalatals	15
舌面中音	Palatals	16
舌根音	Velars	16
小舌音	Uvular	16
喉　音	Glottals	16

2・3 辨五音與七音 …… 17
附第一表　聲母發音部位異同表 …… 18後
2・4 輔音之發音方法 …… 18
（甲）受阻之狀態 …… 19
塞聲或破裂聲 Stops or plosives …… 19
鼻聲 Nasals …… 19
擦聲或摩擦聲 Fricatives …… 19
邊聲 Laterals …… 19
顫聲 Trilled consonants …… 20
（乙）帶音與不帶音 Voiced and voiceless …… 20
釋清濁 …… 21
附第二表　全清次清全濁次濁異名表 …… 22後
（丙）送氣與不送氣 unaspirated and aspirated …… 24
2・5 釋發送收與戞透拂轢揉 …… 27
附第三表　聲母發音方法異名表 …… 28
附第四表　輔音表 …… 30後

第三講　韻類之分析

3・1 韻母之成素 …… 31
3・2 元音之分析 …… 31
國際音標元音圖 …… 32
元音之舌位 …… 32
元音之唇形 …… 33

正則元音非正則元音與標準元音 ……………………33
元音之寬窄與長短 ……………………………………34
口元音與鼻元音 ………………………………………34

3·3 聲化元音與韻化輔音 ……………………………34
「資」「疵」「私」與「知」「池」「尸」內所含之韻母 …………………………………………………34
西儒耳目資所謂「甚」「次」「中」 ……………34
西人對於此類音之轉譯 …………………………35
高本漢所擬之舌尖元音[ɿ][ʅ][ʮ][ʯ] ………………35
兒音的演變 ………………………………………36
自成音綴之 [m̩][n̩][ŋ̍] ……………………………36
第五表　國際音標元音表 ………………………37

3·4 廣韻與國音中之元音 ……………………………38
廣韻之十三元音 …………………………………38
國音之十元音 ……………………………………38

3·5 介音之分析 ………………………………………38
宋元等韻系統中之介音 [i][u] ……………………38
現代多數方言中之介音[i][u][y] …………………38

3·6 釋等呼 ……………………………………………39
分等之起源 ………………………………………39
「等」指介音[i]之有無及元音之弇侈 ……………39
江永及陳澧對於等的解釋 ………………………39

外轉各韻之分等 …………………………………… 40
　　內轉各韻之分等 …………………………………… 40
　　四等元音之分配 …………………………………… 40
　　宋元等韻之「開」「合」二呼 ……………………… 41
　　明人之併等增呼 …………………………………… 42
　　潘耒之四呼說 ……………………………………… 43
　　第六表　等呼觀念演變表 ………………………… 45

3·7 尾音之分析 …………………………………… 46
　　元音尾[-i][-u] ……………………………………… 46
　　鼻音尾[-m][-n][-ŋ] ………………………………… 46
　　塞音尾[-p][-t][-k]（附[-ʔ]和[-l]）………………… 46

3·8 釋曲韻之六部 ………………………………… 46

3·9 釋轉攝及陰陽 ………………………………… 47
　　「攝」的定義及譯名 ………………………………… 47
　　戴震之「有入」「無入」兩類 ……………………… 48
　　孔廣森之「陰聲」「陽聲」 ………………………… 48
　　章炳麟「鼻音有三孔道」說 ……………………… 48
　　「陰韻」與「陽韻」 ………………………………… 48
　　附第七表　古今尾音分類異同表 ………………… 49
　　廣韻音系之二介音，十一元音與八尾音 ………… 50

第四講　調類之分析

4·1 聲調之定義 …… 51

4·2 論平上去入 …… 51
 平上去入之起源 …… 51
 四聲三問 …… 52
 四聲之實不自齊梁始 …… 52

4·3 古今聲調之異 …… 54
 陳第古無四聲說 …… 54
 顧炎武古四聲一貫說 …… 54
 段玉裁古無去聲說 …… 54
 孔廣森古無入聲說 …… 55
 江有誥古人所讀之四聲與今不同說 …… 55
 黃侃古無上去惟有平入說 …… 55
 牟應震錢玄同古有上聲說 …… 55
 孔好古聲調乃音組減變而成說 …… 55

4·4 四聲之性質 …… 56
 舊說之籠統 …… 56
 劉復論四聲性質 …… 56
 趙元任論四聲性質 …… 56

4·5 辨識聲調之困難 ································57
- 調值紛誤自古已然 ································57
- 清濁演變爲陰陽因方言而異 ····················58
- 附第八表　古今調類分合異同表 ·············60

4·6 辨識聲調之方法 ································62
- 審辨調類之方法 ···································62
- 王鑒四聲纂句 ·······································62
- 趙元任四聲纂句 ···································63
- 辨陰陽之方法 ·······································63
- 平仄與舒促 ··64
- 北音入聲之演變 ···································64
- 五聲之異名 ··64
- 附第九表　五聲異名表 ···························65
- 審辨調值之方法 ···································65
- 實驗法 ···65
- 耳聽法 ···66
- 基本調符三十種 ···································66
- 附第十表辨調例字表 ·····························68
- 附第十一表平粵調值異同表 ····················69

第五講　漢字標音方法之演進 ················70

5·1 漢字音之結構 ····································70
- '起舒縱收'與'頭頸腹尾神' ·····················70

漢字音結構之七式 ……………………………… 70
5・2 反切以前之標音法 ………………………… 73
　　譬況發音 …………………………………………… 73
　　讀若 ………………………………………………… 75
　　直音 ………………………………………………… 76
5・3 反切 ……………………………………………… 77
　　反切之定義 ………………………………………… 77
　　反切之起源 ………………………………………… 77
　　反切之方法 ………………………………………… 78
　　反切之乖牾 ………………………………………… 79
　　切韻射標法 ………………………………………… 80
　　反切之流弊 ………………………………………… 83
5・4 改良反切運動 ……………………………… 83
　　呂坤交泰韻 ………………………………………… 83
　　金尼閣西儒耳目資 ………………………………… 84
　　楊選杞聲韻同然集 ………………………………… 87
　　李光地王蘭生音韻闡微 …………………………… 90
　　劉熙載四音定切 …………………………………… 92
　　改良反切之困難 …………………………………… 93
5・5 注音符號與國語羅馬字 …………………… 94
　　注音符號簡說 ……………………………………… 94

國語羅馬字拚法要點 …………………… 96
各式標音法舉例 ………………………… 99

附錄　唐詩擬音舉例 …………………… 100

壹、五言古詩 ……………………………… 100
　李白月下獨酌 …………………………… 100
　杜甫新安吏 ……………………………… 101
　高適登隴 ………………………………… 102
　王維渭川田家 …………………………… 102
　李益觀回軍 ……………………………… 103

貳、五言律詩 ……………………………… 103
　王勃別薛華 ……………………………… 103
　李白送友人 ……………………………… 104
　杜甫天末懷李白 ………………………… 104
　溫庭筠商山早行 ………………………… 104
　宋之問途中逢寒食 ……………………… 105

叁、五言絕句 ……………………………… 105
　金昌緒春怨 ……………………………… 105
　劉禹錫視刀環 …………………………… 106
　孟郊古別離 ……………………………… 106
　崔顥長干曲二首 ………………………… 106

肆、七言古詩 ……………………………… 107
　李白宣州謝朓樓餞別校書叔雲 ………… 107
　李白怨情 ………………………………… 107

杜甫乾元中寓居同谷縣作歌七首錄二……………108
　　白居易賣炭翁……………………………………109
伍、七言律詩……………………………………………110
　　李白登金陵鳳凰臺………………………………110
　　杜甫秋興八首選二………………………………110
　　劉長卿長沙過賈誼宅……………………………111
　　李商隱隋宮………………………………………111
陸、七言絕句……………………………………………112
　　賈至巴陵與李十二裴九汎洞庭…………………112
　　岑參逢入京使……………………………………112
　　劉禹錫石頭城……………………………………112
　　元稹聞樂天左降江州司馬………………………113
　　杜牧泊秦淮………………………………………113

中國音韻學導論

羅常培編

第一講　緒論

1·1 音韻學與音韻沿革

構成漢字之音素曰「聲」，曰「韻」，曰「調」：聲者專指字首之「輔音」；韻者彙賅「介音」「元音」及「尾音」；調者則謂全字之「高低」或「升降」。中國音韻學即辨析漢字聲韻調之發音及類別，並推迹其古今流變者也。

字音之有古今流變亦猶字形之分籒篆隸楷也。例如：「下」字廣韻在禡韻，而詩經邶風擊鼓以「于林之下」上韻「爰居爰處」，凱風以「在浚之下」下韻「母氏勞苦」，大雅緜以「至于岐下」上韻「率西水滸」；「服」字廣韻在屋韻，而周南關雎以「寤寐思服」上韻「求之不得」下韻「輾轉反側」，楚辭離騷以「非時俗之所服」下韻「依彭咸之遺則」：是周代音與廣韻不同也。「西」字廣韻在齊韻，而王延壽魯靈光殿賦以「蘭芝阿那于東西」與「激芳香而常芬」，「歷千載而彌堅」，「長與大漢而久存」，「保延壽而遺子孫」，「孰亦有云而不珍」諸句爲韻；嵇康琴賦以「沙棠殖其西」與「玉澧涌其前」，「翔鸞集其巔」，「惠風流其間」，「密微微其清閑」諸句爲韻；是漢魏音與廣韻不同也。南史羊戎傳以「官家，恨狹，更廣，八分」及「金溝，清泚，銅池，搖颺，旣佳，光景，當得，劇棋」爲雙聲「體語」；

— 1 —

洛陽伽藍記以「是誰，宅第，過佳」，「郭冠軍家」及「凡婢，雙聲」，「儜奴，謾罵」爲雙聲「體語」：然「八分」「凡婢」「銅池」「宅第」旣與廣韻異紐，「官家」「恨狹」「金溝」「光景」「劇棋」「過佳」亦與現代國音不諧：是南北朝音與隋唐以降不同也。廣韻眞侵異部，緝昔不同，而唐胡曾戲妻族語不正詩云：「呼十郤爲石，喚鍼將作眞，忽然雲雨至，總道是天因」：是唐代方音與廣韻不同也。又「效」「流」兩攝本各有別，而宋曾覿釵頭鳳詞以「華燈鬧，銀蟾照」與「萬家羅幕香風透」叶；劉過輥轆金井詞以「高陽醉山未倒」與「看鞋飛鳳翼釵褪微溜」叶；陳允平長相思詞以「風蕭蕭，雨騷騷，風雨蕭騷梧葉飄」韻「瀟湘江畔樓」，以「雲迢迢，水遙遙」韻「雲水迢遙天盡頭，相思心上秋」：是宋代方音與廣韻不同也。降及元明，音變尤甚：元朱廷玉惜別詞怨別離一支以「感情風物正淒淒」韻「汾水碧」，「歸棹急」韻「驚散鴛鴦相背飛」；虞集折桂令以「美乎周瑜妙術」韻「悲夫關羽云殂」；明徐渭漁陽弄油葫蘆一折以「第一來逼獻帝遷都，又將伏后來殺」韻「使郗慮去拿，咳可憐那九重天子救不得一渾家」；康海中山狼一半兒一折以「恰撞着胡韁厮迸這冤家，想着俺受怕擔驚爲甚咱」韻「則這藏頭露尾眞沒法，怎生把囊兒括，俺將他一半兒遮藏一半兒撒」：均以平入通押，不循韻書舊軌：諸如此類，歷數難終。至於聲韻系統之演化，標音方法之改良，亦並與時推移，古今異貫。窮原竟委固皆講述音韻沿革之職任也。

1·2 音韻學之功用

吾人所以殫思竭慮而從事於分析聲韻，考證音史之業者，則

中國音韻學導論

以音韻學非特可窮人類自然之音，且與語言，文字，校讐，文學諸科並有密切關係。茲縷述於後，以證吾說：

夫「音以表言，言以達意，舍聲音而爲語言文字者，天下無有」。(1)故「語音學之於語言，猶數學之於天文物理」(2)也。我國語言之孳衍，每以聲韻爲緣端。洞達音理者，旣可推今言而通古語，亦可援古語以證今言，其用至博，操之至約。從茲整齊方言，推迹語根，均可挈彼綱維，通厥疑滯：此音韵學與語言學之關係也。

我國文字，六書旅陳。而諧聲一類，十居八九；假借轉注，亦緣音滋。故文字聲音，相爲表裏。且「六籍雖遙，文猶可讀。古字或以音通借，隨世相沿，今之聲韵，漸多譌變。由是董理小學，以韵學爲候人。譬猶旌旗辨色，鉦鐃習聲，耳目之治，未有不相資者焉。」(3) 是以「凡治小學，非專辨章形體，要於推尋言，得其經脈。不明音韵，不知一字數義所由生」。(4)「雖窮故形壽以治說文爾雅，猶不能得其條理」。(5) 此音韵學與文字學之關係也。

「秦漢文籍，誼恉奧博，字例文例，多與後世殊異。復以竹帛梨棗，鈔槧婁易，迻逤百出，多岐亡羊」。(6) 故校讐之業尚焉。高郵王氏曰：「夫入韵之字或有譌脫，或經妄改，則其韵遂

---

(1) 章炳麟：胡以魯國語學草創序。
(2) 用 Henry Sweet 語。
(3)(4) 章炳麟：國故論衡上小學略說。
(5) 章炳麟：與人論文學書。
(6) 孫詒讓札迻序。

亡。有因字誤而失其韵者，有因字脫而失其韵者，有因字倒而失其韵者，有因句倒而失其韵者，有句倒而又移注文者，有錯簡而失其韵者，有改字而失其韵者，有改字以合韵而實非韵者，有改字以合韵而反失其韵者，有改字而失其韵又改注文者，有改字而失其韵又刪注文者，有加字而失其韵者，有句讀誤而又加字以失其韵者，有旣誤且脫而失其韵者，有旣誤且倒而失其韵者，有旣誤且改而失其韵者，有旣誤而又加字以失其韵者，有旣脫而又加字以失其韵者」：（7）於是據韵校讐凡得十有八例。儻使音理不明，何由探究本源，是正錯牾？此音韵學與校讐學之關係也。

音律所始，本於人聲；詩歌節奏，寄乎「和」「韵」。（8）自三百篇興，即知應用雙聲疊韵，錯綜成文。其組織之工，不減七襄報章；其音節之和，可擬塤箎迭奏。（9）漢人詞賦，踵事增華。而變本加厲，蹇礙爲病。降及齊梁之際，周顒沈約善解音律。其爲文製，務使「宮羽相變，低昂舛節。若前有浮聲，則後須切響。一簡之內，音韵盡殊；兩句之中，輕重悉異」。（10）於是舉世慕扇，號爲永明體。自茲厥後，文遂變爲四六，詩遂變爲律體。雖或劈積細微，多所拘牽，而准聲署字，修短揆均，字必單音，所施斯適。縱有疵瑕可摘，亦實中邦所獨具也。至於宋詞元曲，律度益嚴。辨聲宜判陰陽，吐字須分開閉。非深知音理者，尤不能按譜尋聲，動中窾窾：此音韵學與文學之關係也。

（7）王念孫讀書雜志卷九，讀淮南子雜志後序。
（8）劉勰文心雕龍聲律篇云：「異言相從謂之和；同聲相應謂之韵」。
（9）參閱錢大昕音韵答問頁十，十一。
（10）沈約宋書謝靈運傳論。

綜上所述，可知音韵之學，功用至廣。若夫先明此邦之聲韵，繼治異士之言文，則觸理既通，呈功必速：斯固其餘事矣。

1‧3 音韵學研究法

舊籍韵書之屬判爲「古韵」，「今韵」，「等韵」三科。而較其短長，或是古非今，罔識通變；或專己守殘，拘墟自封；或妄立「門法」，徒滋迷離：均不足語於科學也。儻欲因彼成材，創爲專業，則研究方術，可得而言：

一曰審音　辨章聲韵，審音爲先。前人操術弗精，工具不備，或蔽於成見，或囿於方音，每致考古功多，審音功淺！自近代語音學興，而後分析音素，可用音標以濟漢字之窮；解決積疑，可資實驗以補聽官之缺：舉凡聲韵現象，皆據生理物理講明。從茲致力，庶幾實事求是，信而有徵矣。

二曰明變　「時有古今，地有南北，字有更革，音有轉移，亦勢所必至。」(11) 治韵學者，務須本乎時序，參校方言，各還本眞，弗加軒輊。而後流變昭然，是非不掩。且考鏡源流，貴明因果，自音韵學史上觀察，守溫之造三十字母，朱宗文之作蒙古字韵，金尼閣之撰西儒耳目資，李光地王蘭生之纂音韵闡微，均可代表革新動機，爲演進關鍵所繫。固不能以其取則殊方，而蔑視事實，橫加排牴也。

---

(11) 陳第毛詩古音考序

(12) 例如 Bernhard Karlgren：*Etudes Sur la Phonologie Chinoise*, 1915—1926

Maspero：Le Dialecte de Tch'ang-ngan sous les T'ang, BEFEO XX, 1920.

參閱拙著「中國音韻學的外來影響」，東方雜誌第三十二卷第十四號。

三曰旁徵　民間俗語，每存古音，異族方言，可證舊讀。苟欲旁徵博校，窺見音韻精微，則外宜博學殊域言文，內須多明方音系統。若夫遠西學者研治此土音韻之專書，(12) 尤當擷彼精華，供我參證，庶幾集思廣益，音理日明矣。

　　四曰袪妄　曩之治韻學者，憑臆立說，每多違失：論平仄則以鐘鼓木石為喻(15) 論清濁則以天地陰陽為言，(14) 是曰玄虛；辨聲則以喉牙互淆，(15) 析韻則以縱橫為別，(16) 是曰含混；以五行五臟牽合五音(17)，依河圖洛書配列字母(18)，是曰附會；依據廣韻反切以推測史前語言(19)，囿於自身見聞而訾議歐西音

(13) 江永音學辨微：「平聲音空，仄聲音實。平聲如擊鐘鼓，仄聲如擊土木石」，（頁一）

(14) 同上：「清濁本於陰陽：一說清為陽，濁為陰，天清而地濁也」。（頁十二）

(15) 玉篇末附五音聲論以何（匣），我（疑），剛（見），鄂（疑），訶（見），可（溪），康（溪），各（見）為喉聲；以更（見），硬（疑），牙（疑），格（見），行（匣），幸（匣），亨（曉），客（溪）為牙聲：其淆混可見。

(16) 章炳麟國故論衡上二十三部音準謂「古支部異脂之者，其聲與之為縱橫，之縱而支橫也」。

(17) 劉鑑切韻指南總括五行分配例云：「見等牙肝角木東，舌心徵火喻南風。北方腎水羽脣下。西面商金肺齒中。喉案土宮脾戊己，西南雅管日來同。後進未明先哲意，軒轅格式為君明」。又訂五臟錙銖之例云：「四斤四兩屬牙肝，心重十二兩舌間。脣腎一斤零一兩，三斤三兩肺中編。二斤十四喉脾類，六兩牛心徵牛連，口肺一斤九兩牛，心肝脾肺腎俱全」。牽強附會，不知所云。

(18) 參閱音學辨微論圖書為聲音之源（頁二十九，三十一）

(19) 參閱潘尊行由反切推測史前中國語言說，載新月二卷二號。

學(20)，是曰武斷：凡此訛失，並宜袪除。儻能本前三術，袪茲四妄，則音韵學庶可厠諸科學之林矣。

1.4 古今音韵變遷大勢

古今音異，前脩已能言之。(21) 然自三代以迄隋唐，自隋唐以至現代，其間變遷正多，槩曰古今不同，尚嫌皮傳。故考音韵之變遷者，必須論世分期，以資比較。約而言之：周秦爲一時期（紀元前十一世紀至前三世紀）；兩漢爲一時期（紀元前二世紀至二世紀）；魏晉南北朝爲一時期（三世紀至六世紀）；隋，唐，宋爲一時期（七世紀至十三世紀）；元，明，清爲一時期（十四世紀至十九世紀）；現代爲一時期（二十世紀）；其間區劃，雖非判若鴻溝，而蟬蛻之迹，大齊不遠，茲分述各期變遷之大勢如下：

第一期　上古之世，韵書未與，欲徵古音，惟能就古韵文，諧聲字及古書異文，通假，音訓等項參互求之。現在韵文之可信者，以詩經爲最古。前此之作，非出僞託，卽感殘缺。且殷契雖存，而音尙難徵。出土吉金，亦多周器。故探討古音，宜斷自周初，未可侈言荒古也。清代學者，上據詩經楚辭之用韵，旁徵說

---

(20) 馬宗霍中國音韵學通論附錄云：「欲考古音，必先定其部居，否則漫無經界。適閒與普通音異者，則妄定爲古音，不知其爲方語之變遷也。苟欲定部居，則表韵者雖省至十七部，彼土母音有能相代者乎？表聲者雖省至二十一類，以分等計之，則亦不損五十類，彼土子音有能相代者乎」？

(21) 參閱戴侗六書故，焦竑筆乘，陳第毛詩古音考序，讀詩拙言，錢大昕音韵答問，戴震聲韵考等書中論古今音異各條。

文解字之諧聲，鉤稽參證，反覆推求，對於此期古韻，曾經假定部居，闡明通轉。並謂凡諧聲字必與所從之聲同韻，故視其偏旁以何字為聲，即可知其音在某部(22)。叔通義例，執簡馭繁，考古之功，良不可沒。然古韻音讀若何？古方音有無歧異？古聲紐能否構成系統？複輔音曾否存在？惜猶未能明也。吾人幸生前修之後，憑藉較多，儻能旁考域外方言，參證切韻系統，以補苴其所未備，則將來叔獲，或可軼乎清人之上歟？

第二期 周初字形，猶未變古，偏旁同異，視而可識。且朝聘會享，共操「雅言」(23)；別國方音，不登堂廟。故其時雖無韻書，而詩歌用韻，乃至賾而不可亂也。自戰國以來，「諸侯力征，不統於王。言語異聲，文字異形」(24)。秦併天下，雖欲「書同文字」，「罷其不與秦文合者」(25)，而以統一期暫，成效未覩。降及漢初，廢棄秦法，既不欲定秦音為國語，更未能復周音為雅言。馴至方音錯出，漫無統紀。且自籀篆變為隸草，偏旁省減舊形，據形定音，亦失準則。於是文人用韻，各摻土風。出入甚寬，任情變易。故兩漢音韻，至為混淆。如欲理其端緒，則詩賦韻讀而外，經師音訓，楊雄方言，皆為重要資料。洪亮吉之漢魏音，胡元玉之漢音拘沈，殊無若何貢獻也。

第三期 反切未興以前，標註字音，惟賴「讀若」，「直音」，以資譬況。然「或無同音之字，則其法窮；雖有同音之

---

(22) 參閱段玉裁六書音韻表二。

(23) 本章炳麟說。

(24)(25) 許慎說文解字序。

字，而隱僻難識，則其法又窮」(26) 自漢末經師剏製反切，比合二字，以切一音，文字音讀，乃無弗顯。及反切日多，勢須彙集，於是「魏時有李登者，撰聲類一卷凡一萬一千五百二十字，以五聲命字」(27)「晉呂忱弟靜仿李登聲類之法作韵集五卷，宮商角徵羽各爲一篇」(28)，是爲韵書成立之始。自茲而後，王延文字音，段宏韵集，李棨音韵決疑，音譜，王該五音韵，釋靜洪韵英，周研聲韵，楊休之韵略，杜臺卿韵纂，潘徽韵纂等，(29) 乃風起雲湧，接踵而興。且自齊梁之際，周顒沈約定「平」「上」「去」「入」爲四聲，顒作四聲切韵，約作四聲譜以爲之倡(30)，於是王斌四聲論(31)，張諒四聲韵林(32)，劉善經四聲指歸(33)，夏侯詠四聲韵略(34) 等，聞風慕扇，轉相祖述。韵書組織，復爲少變。夫韵書之根據在反切，韵書之特色在四聲。二者旣並於是期誕生，則韵書之規模已具。惟前擧諸書，今並散佚，聲韵類別，無從考見。若能理董六朝韵文，參證原本玉篇及經典釋文中諸家反切，則索隱鈎沈，或可明其眞象也。

(26) 陳澧切韵考一。
(27) 封演聞見記。
(28) 魏書江式傳。
(29) 見隋書經籍志及切韵序。
(30) 參閱齊書陸厥傳，梁書沈約傳，南史周彥倫傳及封演聞見記等書。
(31) 見南史陸厥傳。
(32) 見隋書經籍志。
(33) 見隋書經籍志及文學傳。
(34) 見李涪刊誤，切韵序「詠」誤爲「該」。

中國音韻學導論

第四期 魏晉以降，韻書蠭出。各依土風，遞相非笑。隋既統一，陸爽劉臻顏介蕭該等，嘗欲折衷南北，免其乖互。於是陸詞述其父執之議，論定「南北是非，古今通塞，捃選精切，除削疏緩」(35)，修集切韻五卷，分部一百九十有三。厥後唐韻廣韻集韻等，雖皆增加文字，改定部居，而於法言定韻之旨，並沿用未改。故切韻唐韻雖已殘佚，猶可於廣韻集韻中得其梗概。然法言列韻有則，而次聲無序。七音之辨，非所深求。惟象教東來，始自後漢，釋子遂譯梵筴，秉理「聲明」(Sabdavidyā)，影響所及，遂啓反切之法。降及唐末，沙門守溫復歸納切韻反切，增損梵藏體文，定為華音三十字母。其後宋人復增益六母，始見終日，條理井然(36)。惜廣韻集韻遵循陸法，猶未能如五音集韻之改定聲母次第耳。

第五期 辨析聲韻之精密，至前期已臻其極。惟以古今南北，音系複雜，一地一時，鮮能共喻。唐初屬文之士，已以先仙刪山之類分為別韻，未免苛細。于是許敬宗等詳議，以其韻窄奏合而用之。自爾遂有同用獨用之說。及宋修集韻復用賈昌朝言，改併廣韻獨用者十三處，許令通用。其後劉淵陰時夫之流，遂就許賈所定同用之韻加以刪併。然童牛角馬，不古不今，考古審音，兩無所是，殊不足以徵音變也。及元朝御宇，奠都燕京。政樞既移朔方，文學復重北曲，於是中原音韻乘時而興。降至明

---

(35) 見切韻序。

(36) 參看拙著「敦煌寫本守溫韻學殘卷跋」，載中央研究院歷史語言研究所集刊第三本第二分。

初，更據此以修洪武正韻。六百年來，遂爲官音所宗。至於泥古文人，據劉陰之失而妄詆正韻者，「雖時時爭持紙上，實則節節失敗於口中」(37) 而已！

　　第六期　自直音進爲反切，標音之術，以漸精詳。徒以單音漢字，音素不明，韵旣包聲，聲亦含韵，以之作切，則非心知其意者，殊病扞格。明季耶蘇會士利瑪竇金尼閣等傳教東來，始用羅馬字母拼切漢字，以便研習(38)。其後旅華西人，續有製作，而以郵政式 (Post system) 及威妥瑪式 (Wade system) 最爲通行。國內病漢字之不良者，如朱文熊劉孟揚黃虛白劉繼善錢玄同趙元任周辨明林語堂諸人，亦並聞風興起，各創新制。又近五十年來，憂國之士以爲教育不振，由於文字繁難。於是蔡錫勇王炳燿沈學盧戇章王照勞乃宣章炳麟陳振先等相繼粗造簡字：或欲改良反切，或欲代替漢文，雖皆未克推行，而頗極一時之盛。(39) 厥後教育部於民國七年（一九一八）十一月二十三日公布之注音字母，即爲後一潮流之結晶，民國十七年（一九二八）九月二十六日公布之國語羅馬字即自前一潮流所孳衍。故國音字母雖誕生於近三十年間，若溯其源流，固已胚胎於三百年前，而孕育經數十年之久矣。

　　此六期者，二期可附一期之末，三期可冠四期之前。若加之稱謂，以便指說，亦可分爲古音時期，韵書時期，北音時期，音標時期四段。至於各期聲韵特徵，當於下編分別論之。

（37）用吳稚暉論注音字母書中語。
（38）參閱拙著「耶蘇會士在音韵學上之貢獻」，載中央研究院歷史語言研究所集刊第一本第三分。
（39）參閱拙著國音字母演進史，商務印書館出版。

第二講　聲類之分析

2‧1 聲母之定義

凡氣息自氣管呼出時，經發音器官（Organ of speech）之節制（articulation），或破裂而出，或摩擦而出，或由鼻孔洩出：「形氣相軋」(1)而成聲者，謂之「輔音」：（consonant）：自其作一字之首音言，亦謂之「聲母」（initial）。舊韻書中所稱「字母」(2)「聲類」(3)「音紐」(4)諸名，其實一也。

2‧2 輔音之發音部位

輔音因發音部位（place of articulataon）及方法（Manner of articulation）之異，各可別爲若干類。自發音部位言，其類約十有二：

（一）雙脣音（Bilabial）舊稱「重脣音」。由上脣與下脣接觸以節制外出之氣息而成。國際音標之 [p][pʻ][b][m][ɸ][β][w][ɥ]，國音之ㄆㄅㄇ，等韻字母之幫滂並明等均屬之。

（1）張載正蒙：「聲者形氣相軋而成」。又譚峭化書云：「形氣相乘而成聲。」

（2）唐末沙門守溫據梵藏體文擬定三十字母，宋人復增益爲三十六，或簡稱爲「母」，等韻家多沿用之。

（3）清錢大昕陳澧等以字母之名，襲取佛書，加諸中華之字實爲名不正而言不順，故陳氏作切韻考，以古稱發音同者爲雙聲而改稱字母爲「聲類」。參閱十駕齋養新錄卷五頁十二及切韻考外篇卷三頁二。

（4）章炳麟據孫愐唐韻序中「紐其脣齒喉牙部，作而次之」一語，主張改稱字母之名爲「音紐」，或簡稱爲「紐」。故曰：「慧琳一切經音義稱梵文迦等三十五文爲體文。體文者，紐也」（國故論衡上音理論）。

發音器官部位圖

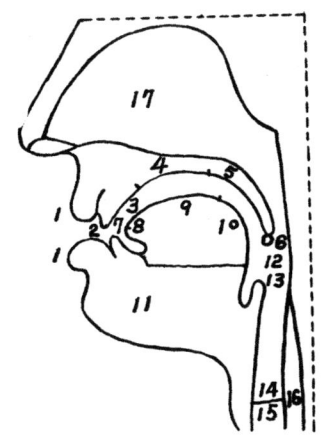

1. 上下唇   lips
2. 上下齒   teeth
3. 齒齦   alveolar
4. 硬顎   hard palate
5. 軟顎   soft palate or velum
6. 小舌   uvula
7. 舌尖   apex, or tip of tongue
8. 舌葉   blade of tongue
9. 舌面   dorsum or surface of tongue
10. 舌根   root of tongue
11. 下牙牀   lower jaw
12. 咽頭   pharynx
13. 會厭軟骨 epiglottis
14. 喉頭   larynx
　　聲帶   vocal chords
　　聲門   glottis
15. 氣管   windpipe or trachaea
16. 食道   food passage
17. 鼻腔   nasal cavity

(二)脣齒音（Labio-dental）舊稱「輕脣音」。由上門齒切下脣之內緣以節制外出之氣息而成。國際音標之 [pf][pf'][bv][bv'][ɱ][f][v]；國音之ㄈ万；等韵字母之奉微均屬之。今陝西長安方音讀「主」「追」「壯」非敷「中」作[pf]聲，讀「吹」「充」作[pf']聲：(5)亦此類也。

(三)齒間音（Inter-dental）由舌尖之最前端微突於上下門齒之間，使氣息自舌齒之縫擦出而成。國際音標之[θ][ð]屬之。此音在我國古今音中並不經見。惟廣西猺山之正猺讀「子」「村」「泉」「新」「隨」等字作[θ]聲，讀「早」「齊」「憎」「散」「四」等字作[ð]聲。(6) 此外則歙縣西鄉金竺塢及南寧之操廣州語者，亦間有此類音。(7)

(四)舌尖前音（Dental）舊稱「齒頭音」由舌尖與齒尖接觸以節制外出之氣息而成。國際音標之[ts][ts'][dz][dz'][s][z]，國音之ㄗㄘㄙ，等韵字母之精清從心邪等均屬之。

(五)舌尖中音（Alveolar）由舌尖抵緊上齒齦以節制外出之氣息而成。國際音標之 [t][t'][d][d'][n][l][r][ɹ][ɫ][ɬ](8)，國音之ㄉㄊㄋㄌ，等韵字母之「舌頭音」

(5) 據劉文錦發音及高本漢（B. karlgren）方音字典。
(6) 據趙元任猺歌記音。
(7) 據趙元任閩廣方音調查紀錄及羅常培徽州方音調查紀錄。
(8) 法文之 t, d, n, l 及英文 but the 中之 t 均應歸入第四類。

端透定泥及「半舌音」來紐均屬之。

(六) 舌尖後音（Supradental）由舌尖翻抵齒齦後以節制外出之氣息而成。國際音標之 [ʈ][ʈʻ][ɖ][ɖʻ][tʂ][tʂʻ][dʐ][dʐʻ][ʂ][ʐ]，國音之 ㄓㄔㄕㄖ 等韵字母「正齒音」二等之照莊 穿初 牀崇 審生 等均屬之。

(七) 混合舌葉。（Apico-dorsal）由舌尖舌面之混合部分與齒齦後接近硬顎之處接觸以節制外出之氣息而成。發此音時，舌較發舌尖前音微縮。國際音標之 [tʃ][t][dʒ][dʒʻ][ʃ][ʒ] 屬之(9)。我國方音中山東臨淄讀「蒸」「超」「搧」(10) 及浙江金華讀「準」「春」「書」等(11) 正齒音三等字之聲母，亦屬此類。

(八) 舌面前音（Prepalata）由舌面前部與前硬顎接觸以節制外出之氣息而成。發此音時，舌尖降抵下齒背，置而不用。國際音標之 [ȶ][ȶʻ][ȡ][ȡʻ][tɕ][tɕʻ][dʑ][dʑʻ][ɲ][ɕ][ʑ]；國音之 ㄐㄑㄬㄒ；等韵字母正齒音三等之照章 穿昌 牀船 審書 禪等均屬之。又「舌上音」之知徹澄及半齒音之日高本漢（B. Karlgren）亦讀為 [ȶ][ȶʻ][ȡʻ][nʑ](12)。考諸現代方音，惟臨淄讀「經」

---

(9) 英法文讀此類輔音時唇部同時突出。
(10) 據于道泉發音。
(11) 據趙元任現代吳語的研究。
(12) Etudes sur la Phonologie Chinoise P. 390—398; P. 470—473。
守溫娘母高氏讀作「n」之顎化音 [nj]。

「敲」「掀」等牙音三等字作 [ƛ][ƛ'][ɕ](13)，與西藏語之顎化舌根音相近，其自舌上音變成者尚不習見。

（九）舌面中音（Palatal）發此類聲母時舌面與硬顎接觸之部位較第八類稍後，故音彩有銳鈍之異。國際音標之[c][c'][ɟ][ɟ'][ɲ][ʎ][ç][j]；等韻喻母之三等均屬之。今浙江永康讀「雞」作[c]聲，「啟」作[c']聲，黃巖讀「瞿」作[ɟ']聲，「休」作[ç]聲(14)，亦屬此類。

（十）舌根音（Velar）由舌根與軟顎接觸以節制外出之氣息而成。國際音標之[k][k'][g][g'][ŋ][ƛ][x][ɣ]；國音ㄍㄎㄫㄏ；等韻字母「牙音」之見溪羣疑，「喉音」之曉匣等均屬之。

（十一）小舌音（Uvula）由舌根與小舌接觸以節制外出之氣息而成。國際音標之[χ][ʁ][ʀ]等屬之。今江蘇溧陽讀「呼」「好」等字作[χ]聲(15)，亦屬此類。

（十二）喉音（Glottal）由聲帶緊張以節制外出之氣息而成。與發音器官之其他部分不相接觸。國際音標之[ʔ][ʔh][h][ɦ]；等韻字母之影喻四等均屬之。今廣州「海」「口」等字作[h]聲，亦屬此類。

（13）于道泉發音。
（14）據現代吳語的研究
（15）據現代吳語的研究

右十二類爲分別古今中外輔音部位之準繩，審音者至宜詳辨。毫釐微舛，音值即非，故不可不愼也。清江永嘗據等韻家所分七音而辨聲母之發音曰：「牙音氣觸牡牙。舌頭音舌端擊齶。舌上音舌上抵齶。重脣音兩脣相搏。輕脣音音穿脣縫。齒頭音音在齒尖。正齒音音在齒上。喉音音出中宮。（原註，曉匣淺喉出喉外，影喩深喉出喉中）。半舌音舌稍擊齶。半齒音齒上輕微」。(16) 其所審辨，雖未盡妥協，而語頗簡晰，可資參證。

2·3 辨'五音'與'七音'

　　等韻家之類別聲母者，以玉篇前五音聲論及廣韻末辨字五音法所分之「脣」「舌」「齒」「牙」「喉」五類爲最古。然五音聲論以「何我剛諤誐可康各」爲喉聲，以「更硬牙格行幸亨客」爲牙聲；辨字五音法以「綱各」爲喉聲，「迦伽」爲牙聲：迭出互見，部位混淆。審音之疏，從可概見。其後據守溫字母以定韻譜者，於脣舌齒牙喉之外益以「半舌」「半齒」定爲七音，而脣分「重脣」「輕脣」，舌分「舌頭」「舌上」，齒分「齒頭」「正齒」：實係九類(17)。由今論之，此九類者，韻書多數沿用，旣已約定俗成，以之討論舊音，至爲方便。故本編凡辨析聲值時悉改新名，凡區別聲類時仍沿舊稱：各從其宜，不泥一格。然自宋元而後，等韻之書羣出。類別聲母，定名紛歧。或以「宮」「商」「角」「徵」「羽」配合「喉」「牙」「舌」「齒」「脣」；

(16) 音學辨微四辨七音；黃季剛先生音略二，論「今聲發音法」有訂正江氏處，亦可參考。

(17) 劉鑑切韻指南及四聲等子等皆用此名。

或以「五行」「五方」「五色」「五臟」比附字母。牴牾違異，瞀亂糾纏，此是彼非，孰能正之！故本編董理舊說，惟取前舉九名。其餘各家，一概存而不論。但表列異名，以袪學者之迷惘而已（參看第一表）。

觀第一表所列，或則喉牙舌齒乖互，或則商徵宮羽參差。而其以齒爲牙，以舌爲齶者，定名尤失之含混！若夫張行孚所分之「喉」（喉牙之開口），「舌」（舌頭半舌之開口），「脣」（重脣之合口及輕脣），「齒」（齒頭正齒之開口），「鼻」（喉牙及齒頭之齊撮），「半喉」（喉牙之合口），「半舌」（舌頭半舌之齊齒），「半脣」（重脣之齊齒），「半齒」（齒頭正齒之齊齒）九聲(18)；華長忠所分之「喉」（喉牙之開口），「舌頭」（舌頭半舌之開口），「舌上」（舌頭及半舌之齊齒），「半舌半齒」（半齒之開口），「正舌」（舌頭半舌半齒之合口），「脣外」（重脣之開口及測脣），「脣內」（重脣之齊齒），「正齒」（喉牙之撮口），「齒上」（喉牙之齊齒），「半喉半牙」（喉牙之合口），「輕齒」（齒頭及正齒二等之開口）「重齒」（舌上及正齒三等之開口），「輕牙」（齒頭及正齒二等之合口），「重牙」（舌上及正齒三等之合口）十四聲(19)：參雜等呼，分類淆亂，則皆自鄶以下，無足譏已！

2·4 輔音之發音方法

輔音發音之方法，自其受阻之狀態言，則有「塞」「鼻」「擦」「邊」「顫」之異；自聲帶之顫動與否言，則有「帶音」

（18）參閱說文帝音卷三九聲總佸圖說。

（19）參閱韵籟卷首。

第一表・聲母發音部位異名表　表內數字示原書中之次第

名		1	2	3	4	5	6	7
名家之異用所家各	錢玄同音篇	5.唇音	3.舌音	4.齒音	2.淺喉音	1.深喉音（曉匣併入淺喉）	併入舌音	併入齒音
	李鄴切韻考	3.重唇音 4.縫唇音	2.舌音（併反入舌音）	5.齒音 6.膶音	1.喉音	曉入匣餘併		6.餘音
	勞乃宣等韻一得	6.重唇音 7.輕唇音	2.重舌音 3.輕舌音	5.重齒音 4.輕齒音		1.鼻音	併入重舌	併入重齒
	張能仲書儒學舉呼名	5.唇音羽	2.舌音徵（併反入舌音）	4.牙音角 5.齒音商	1.喉音宮	6.影喻喉音彙併牙入角宮	8.舌音彙喉牛徵	9.齒音彙牙牛商
	周贇山門新語	3.唇音角 8.唇齒音合商變羽	2.舌音徵（併反入舌音）	4.腭音徵 5.齒音羽	1.喉音宮	6.喉入齒音合宮變商	7.舌腭合音變商	9.齒腭合音變羽
	胡垣韻通古今中外音	5.唇音附輕唇音	2.膶音（併反入膶音）	4.牙音 3.齒音	1.喉音		併入膶音	併入齒音
	鄒漢勛五韻論	7.開唇音 8.合唇音	3.舌頭音（併入齒本音）	4.齒頭音 6.齒本音	2.淺喉音	1.深喉音	併入舌頭	併入齒本
	李元音切譜	5.唇音羽	2.舌音商	4.齒音徵	5.喉音宮	1.牙音角	6.半舌半徵半商音	
	馬自援等韻林本裕聲位	5.唇音羽 7.唇音羽	2.舌音徵（併反入牙音）	4.齒音商 5.牙音角	1.喉音宮	6.喉牙合音宮角	8.舌喉合音宮徵	9.齒牙合音商角
	梅膺祚字彙後韻法直圖例	3.唇音羽 7.唇齒合商音	2.舌音徵（併反入齒音）	4.牙音角 5.齒音商	6.喉宮彙牙角音	1.喉音宮	8.舌彙喉音牛徵	9.齒彙牙音牛商
	釋真空篇韻貫珠集總括配五音分姓	3.唇腎羽水北玄	2.舌心徵火南赤	4.齒肺商金西白	1.牙肝角木東青	5.喉脾宮土中黃	6.西南	
	黃公紹古今韻會	3.宮	2.徵（併入次反水徵）	5.商 6.次商	1.角	7.羽	8.半徵半商	
	韓道昭五音集韻	4.重唇 5.輕唇	2.舌頭音 3.舌上音	6.齒頭音 7.正齒音	1.牙音	8.9.淺喉深喉音	10.半徵半商音	
	王觀國學林	4.北方唇聲水	2.西方舌聲金	3.南方齒聲火	5.中央牙聲土	1.東方喉聲木		
	兒志公武郡齋讀書志	1.唇音	2.齒音	4.舌音	5.喉音	3.牙音	4.半齒半舌	
	沈括夢溪筆談	1.唇音宮	2.舌音商	4.齒音徵	3.牙音角	5.喉音羽	6.半齒半舌音徵半商	
	王字濁旁通撮要圖篇母卷五首音三五十行六情	4.唇音羽重 5.唇音羽輕	2.舌頭徵火 3.舌上徵火	6.齒頭商金 7.正齒商金	8.喉音宮土	1.牙音角木	9.半舌火半齒牛徵 半舌半商	
	切韻指掌圖	4.唇重音羽 5.唇輕音羽	2.舌頭徵 3.舌上徵	6.齒頭商 7.正齒商	8.喉音宮	1.牙音角	9.舌齒音半徵半商	
	通志七音略	1.羽	2.徵	4.商	3.角	5.宮	6.半徵	7.半商
	韻鏡	1.唇音	2.舌音	4.齒音	3.牙音	5.喉音	6.舌齒音	
	辨字五音法	1.唇聲	2.舌聲	3.齒聲	4.5.東中牙喉聲聲			
	五音聲論	4.北方唇聲	2.西方舌聲	3.南方齒聲	1.5.東中方央牙喉聲聲			
本編所用之標準音名		重唇音 輕唇音	舌頭音 舌上音	齒頭音 正齒音	牙音	喉音	半舌音	半齒音

與「不帶音」之分；自除阻後有無氣流吐出言，則有「送氣」與「不送氣」之別：茲縷析論之：

（甲）受阻之狀態

（一）塞聲或稱破裂聲（Stop or Plosive）。當氣息外出時，初則口程與鼻程完全閉塞，繼乃驟除口程之阻礙，破裂而出者，即成此音。國際音標之 [p] [pʻ] [b] [bʻ] [pf] [pfʻ] [bv] [bvʻ] [t] [tʻ] [d] [dʻ] [ṭ] [ṭʻ] [ɖ] [ɖʻ] [ȶ] [ȶʻ] [ɟ] [ɟʻ] [c] [cʻ] [ɟ] [ɟʻ] [k] [kʻ] [g] [gʻ] [ʔ]；國音之ㄅㄆㄉㄊㄍㄎ；等韻字母之幫滂並端透定見溪羣影等均屬之。

（二）鼻聲（Nasal）當氣息外出時，軟顎下垂，閉塞口程，而使之改由鼻程洩出者，即成此音。國際音標之 [m] [ɱ] [n] [ɲ] [ŋ]；國音之ㄇㄋ（ㄫ）；等韻字母之明泥娘疑等均屬之。

（三）擦聲或稱摩擦聲（Fricative）。凡發音時，口腔湊窄，致氣息外達，不能充分自由，因而帶有摩擦作用者，即成此音。國際音標之 [ɸ] [β] [w] [ɥ] [f] [v] [θ] [ð] [s] [z] [ʂ] [ʐ] [ɹ] [ʃ] [ʒ] [ɕ] [ʑ] [ç] [j] [x] [ɣ] [χ] [ʁ] [h] [ɦ]；國音之ㄈㄏㄒ；等韻字母之心邪審禪等均屬之。

（四）邊聲（Lateral）亦稱分聲。當氣息通過口腔時，為舌身所阻，而改由舌之兩邊徐徐擦出者，即成此音。國際音標之 [l] [ʎ] [ɫ]；國音之ㄌ；等韻字母之來等均屬之。

— 19 —

（五）顫聲（Trilled consonant）或稱滾舌聲（Rolled consonant）。國際音標之［r］［R］兩音屬之。發［r］音時，舌尖忽附於上齒齦，而又忽然返回，往復起極敏捷之顫動卽成。［R］音乃使小舌顫動而成，頗不易發。德法語中習用之。英語則惟 Northumberland 始有此音，故名之曰："Northumberland burr"。我國古今音中均無此類。

凡輔音之構成，可分爲「成阻」「持阻」及「除阻」三步驟。僅於除阻時有聲音可聞者，謂之「暫聲」（Momentary consonant）。自成阻時卽有聲音可聞，且可使之延長者，謂之「久聲」(Continuant consonant)。暫聲有作勢與發聲二級：成阻與持阻爲作勢，除阻時爲發聲。久聲卽無此區別。前述五類，祇塞聲爲暫聲，其餘皆久聲也。

右五類單純輔音而外，尚有由塞聲與擦聲結合而成之塞擦聲。塞擦聲亦稱破裂摩擦聲（Affricates）。國際音標之［ts］［dz］［tʃ］［dʒ］［tʂ］［dʐ］［tɕ］［dʑ］；國音之ㄗㄘㄓㄔㄐㄑ；等韻字母之精清從照穿牀等均屬之。

（乙）帶音與不帶音

當左右兩聲帶互相接近，而使聲門關閉時，肺內呼出之氣息須衝開聲門，致聲帶發生顫動（Vibration）而成音者，謂之帶音（Voiced），或謂之「樂音」（Musical sound）。反之若聲門並未緊閉，氣息自內流出，

聲帶並不發生顫動，僅有微細聲響可聞者，謂之不帶音（Voiceless），或謂之「噪音」（Noise）。凡元音在常態語音皆屬帶音，而輔音則有帶音與不帶音兩類。不帶音者舊稱「清音」（Surd）。國際音標之 [p] [pʻ][pf][pfʻ][t][tʻ][ʈ][ʈʻ][ȶ][ȶʻ][c][cʻ][k][kʻ][ʔ] [ɸ][f][θ][s][ʂ][ʃ][ɕ][ç][x][χ][h]；國音之ㄅㄆㄈㄉㄊㄍㄎㄐㄑㄒㄓㄔㄕㄗㄘㄙ等韻字母之邦滂端透知徹精清心照穿審影曉等均屬之。帶音者舊稱「濁音」（Sonant）。國際音標之 [b][b̤] [bv] [bvʻ] [b] [bʻ][d][dʻ][ɖ][ɖʻ][ȡ][ȡʻ][ɟ][ɟʻ][g][gʻ][β][v][ð] [z][ʐ][ʒ][ʑ][j][ɣ][ʁ][ŋ̍][m][m̩][n][ŋ][l] [ʎ][ɬ][r][R]；國音（万）ㄋ(兀)ㄌㄖ等韻字母之並奉定澄羣從邪牀禪喻匣明微泥娘來日等均屬之。
案隋書潘徽傳云：「李登聲類呂靜韵集始判清濁，纔分宮羽。」孫愐唐韵序後論云：「切韵者，本乎四聲，引字調音，各自有清濁」。則清濁之辨，由來已久。顧以定名含混，涵義不明，致後來說者乃多淆亂。方以智云：「將以用力輕為清，用力重為濁乎？將以初發聲為清，送氣聲為濁乎？將以咽喉之陰聲為清，噌喉之陽聲為濁乎？」[20] 江永云：「清濁本於陰陽：一說清為陽，濁為陰，天清而地濁也；一說清為陰而濁為陽，陰字影母為清，陽字喻母為濁也」。[21] 其

[20] 通雅卷五十切韵聲原頁十九。
[21] 音學辨微頁十二。

立論紛紜，從可概見矣。嘗謂清濁之辨所以淆亂者，蓋由二事繳繞其間：一為牽混受阻之狀態及送氣不送氣；二為牽混聲調之陰陽。自韵鏡以邦非端知見精照心審影曉為「清」，以滂敷透徹溪清穿為「次清」，以並奉定澄羣從邪牀禪匣為「濁」，以明微泥娘疑喩來日為「清濁」；其後沈括夢溪筆談黄公紹韵會劉鑑切韵指南李元音切譜等亦皆分為四類，而定名及區劃微有異同（參閱第二表）。惟四聲等子及切韵指掌圖另分邪禪為「半清半濁」，江永音學辨微另分來日為「濁」，心審為「又次清」，邪禪為「又次濁」：是為異耳。今據韵鏡分類，參酌諸家異名，定為全清，(Unaspirated Surd)，次清 (Aspirated Surd) 全濁 (Sonant)、次濁 (Liquid) 四類。(22) 若以語音學術語釋之：則全清者，即不送氣不帶音之塞聲，擦聲及塞擦聲也；次清者，即送氣不帶音之塞聲，塞擦聲及不帶音之擦聲也；全濁者，即送氣帶音之塞聲塞擦聲及帶音之擦聲也；次濁者，即帶音之鼻聲邊聲及半元音（喩）也：分類雖嫌稍疎，而討論舊音頗便稱舉，故可並存不廢。惟自元明以降，全濁平聲北音變同次清，而仄聲又復不辨清濁，於是「以初發聲為清，送氣聲為濁」之誤會，乃因之而起。雖以陳澧之明辨，猶謂夢溪筆談及四聲等子所論清濁為「發」「送」

---

(22) 第二表中惟改列曉母為次清與韵鏡微異。

第二表　全清次清全濁次濁異名表

本篇定名	本篇分類	各家之異名及分類								
		韻鏡	沈括夢溪筆談	黃公紹韻會	劉鑑切韻指南	李元音切譜	切韻指掌圖四聲等子及	江永音學辨微	等韻切音指南	字母切韻要法
全清	幫端精見心 非知照影審	清	清	清	純清	純清	全清	最清	○	○
								又次清	◐	◐◐
次清	滂透清溪 敷徹穿曉	次清	次清	次清	次清	次清	次清	次清	◉	◉
全濁	並定從邪 奉澄牀匣禪	濁	濁	濁	全濁	純濁	全濁	最濁	●	●
							半清半濁	又次濁		
次濁	明泥疑 微娘喻來日	清濁	不清不濁	次濁	半清半濁	次濁	不清不濁	次濁	◐ ◐◐ ○◐	◐◐ ◐○ ○◐

「收」(23)，似是而非，未能悉合。後學淆惑，復奚怪焉：此一事也。四聲各有清濁，孫愐之論，至為顯明。然全濁聲值唐以後多數消失，清濁遺跡但能于聲調之變異中尋之。 且自元周德清中原音韵以北音為宗，平分陰陽，入派三聲。而謂：「陰陽字平聲有之，上去俱無」(24)。 於是聲母之清濁遂一變而為聲調之陰陽。蓋以北音之全濁聲母平聲變近次清，而聲調之高低猶殊；仄聲變同全清，而聲調之高低亦混：濁聲本值已不復辨矣！江永音學辨微云：「平有清濁，上去入皆有清濁，合之凡八音。桐城方以智以喒噇上去入為五聲，誤矣。蓋上去入之清濁方氏不能辨也。」(25) 余謂上去入清濁之不辨，實不自方氏始。且方氏既以「喒」「噇」代表陰平陽平，而不沿用清濁舊稱，則其所謂「五聲」乃指聲調之高低言，而不指聲母之帶音不帶音言，已甚顯著。此固不祇北音為然也，更以現代南部方音證之：今吳語閩語粵語中平仄兼具陽調者甚夥。溯其緣起，雖皆由古濁聲衍成，然除吳語而外，大抵皆為聲調之異，其能保持全濁本值者殊不多覯。(26) 又西藏字母之ག[ga]ཇ[dʑa]ད[da]

---

(23)參閱切韻考外篇卷三，頁五。
(24)中原音韻自序。
(25)音學辨微頁十二。
(26)廈門話之[b]聲由明母轉來，[g]聲由疑母轉來，與由全濁變成者微異。

ད[ba] ཛ[dza]等，本應讀爲全濁，而現代拉薩音乃變爲ཀ[ka] ཅ[tɕa] ཏ[ta] པ[pa] ཙ[tsa]之低調。(27)其演變之迹亦可引爲旁證也。然則陰陽雖出於清濁，而與清濁實非一物。自清濁之辨不明，於是或以「䐴喉之陰聲爲清，嘡喉之陽聲爲濁」；或以「清爲陽，濁爲陰」；或以「清爲陰，濁爲陽」。聲母與聲調混爲一談，而清濁本義轉以日晦：此二事也。若以廣韵卷末附辨字五音法，一脣聲幷餅，注云清也。二舌聲靈歷，注云清也。三齒聲陟珍，注云濁也。四牙聲迦佉，注云濁也。五喉聲綱各，注云濁也。此惟以幷餅爲清不誤，其餘靈歷濁而誤以爲清，陟珍迦佉綱各皆清而誤以爲濁。又有辨字四聲輕清重濁法，以「璡，珍，陳，椿，弘，龜，員，禮，孚，鄰，從，峯，江，降，妃，伊，微，家，施，民，同」等爲輕清；以「之，眞，辰，洪，春，諄，朱，殷，倫，風，松，飛，夫，分，其，杭，衣，眉，無，文，傍」等爲重濁：其悠謬尤不可究詰矣。今茲所論，以聲母之帶音不帶音爲清濁；以聲調之高低升降爲陰陽：命名旣定，糾紛立解。往昔支離繳繞之談，皆可存而不論。至於「發聲」「送氣」之辨，別於次節詳之。

(丙) 送氣與不送氣

送氣與不送氣之別，在塞聲中頗爲重要。當讀滂透徹

────────

(27) 據趙元任倉陽嘉錯情歌記音

— 24 —

溪或ㄆㄊㄎ等聲母時，除阻之後有「氣流」(breath glide)吐出；故謂之送氣聲(Aspirated)；反之，讀邦端知見或ㄅㄉㄍ等聲母時，除阻之後並無氣流吐出，故謂之不送氣聲(Unashirated)。此兩類聲母受阻之部位及狀態皆同，所異者惟在除阻後有無氣流。故國際音標於送氣聲並未另造字母，僅於不送氣聲之右上角加[ʻ]或小[h]以表之而已。然我國江浙方言濁塞聲後之氣流皆變帶音；西北方音塞聲後之氣流乃舌根擦聲而非喉門擦聲：故用嚴式標音，於上海之「旁」「同」「共」，應標作[bɦaŋ]，[dɦoŋ]，[ɡɦoŋ]；於太原之「怕」「他」「開」，應標作[pxa]，[txa]，[kxæ]。若一律表以[ʻ]或小[h]，猶不免失之粗疎也。(28)

塞擦聲雖由兩輔音結合而成，但在聽感上祇覺有一音存在，

---

(28) Henry Sweet 分塞聲之後流(off-glide)為四種： (a) 清塞氣流(Voiceless Stop ond breath glide)，如英語之 p, t, k。(b) 清塞音流(Voiceless Stop and Voiced glide)，如法語及德國南部之 p, t, k。(c) 濁塞氣流(Voiced Stop and breath glide)──案梵語之 घ झ ढ 即屬此種，但 Sweet 並未舉例。(d) 濁塞音流(Voiced Stop and Voiced glide) 如南歐語之 b, d, g。(參閱Primer of Phonetics p. 55.─58)。近人以 Noel-Armfield 亦稱 breath glide 為 Unvoiced glide (General Phonetics P. 49 .§ 73)，遂以塞聲後流之帶音與不帶音為不送氣與送氣之區別。然如吳語濁塞送氣聲之後流，既吐氣復帶音，則此說即不能成立矣。故論送氣與不送氣之別，應以除阻後有無氣流吐出為斷，不能以後流之帶音不帶音為斷。

與一般音之結合迥異者，蓋由擦聲取塞聲後流之地位而代之，自身變爲流音，以致其獨立聲之資格喪失耳。此種擦聲 Henry Sweet 稱爲「流聲」(Glide-Consonant)(29)。但塞擦聲亦有送氣不送氣之異，與純塞聲相同。故曩之韵學家多混二者爲一，而以其送氣不送氣分爲「送氣」及「發聲」兩類（詳後）。

等韵字母舊譜，全濁祇有並奉定澄羣從牀一類。而清聲則有不送氣之全清邦非端知見精照及送氣之次清滂敷透徹溪清穿兩類。則全濁之送氣不送氣，殊成問題。清江永音學辨微洪榜四聲韵和表陳澧切韵考外篇等均以全濁專承次清。西人之考訂中國古音者，高本漢與江洪陳三家之說合；而馬伯樂(H. Maspero)則謂濁應專承全清，適與舊說相反。然自李光地等韵辨疑以「定北方爲透濁聲，南方爲端濁聲」(30)，其後勞乃宣章炳麟兩氏均從李氏之說。勞氏曰「古母以戛類（即不送氣）之清爲純清，透類（即送氣）之清爲次清。而濁母則無純次之別，以一濁母對兩清母。見溪與羣，端透與定，知徹與澄，照穿與牀，精清與從，邦滂與並，皆是也。以今方音考之；北方于此數濁母，平聲皆讀從透類，上去入則讀從戛類；如『羣』讀透，『郡』讀戛，『牀』讀透，『狀』讀戛之類。南方則平上去入全讀戛類：如『羣』『郡』『牀』『狀』皆讀戛之類。而有數處如江蘇之泰州如皋等處，及江西皖南數郡邑，則平上去入全讀透類：如『羣』『郡』『牀』『狀』皆讀透之類。是此數濁母旣可讀戛，又可讀透也。

---

(29) Primer of Phonetics P. 64

(30) 江永音學辨徵附錄等韵辨疑及李光地榕村別集卷一。

故古母以一濁對兩清」。(31) 章氏曰：「自來言字母者，皆以羣爲溪之濁，定爲透之濁。而見端無濁音。返讀梵文，五字爲行，二清，二濁，一爲收聲。而中土獨二清一濁一收，何以不相比類？蓋羣定等字，揚氣呼之，爲溪透之濁；抑氣呼之，爲見端之濁。今北音多揚，南音多抑。又北音平去亦有抑揚之異：如呼『羣』皆揚如溪之濁，呼『郡』則抑氣如見矣；呼『亭』皆揚如透之濁，呼『定』則抑氣如端矣。同此一母而平去異貫，則知曩日作字母者，本以羣承見溪，定承端透，非謂羣專爲溪之濁，定專爲透之濁。」(32) 今案，刪梵語體文之二濁爲一者，西藏字母已然，並不始自守溫。且自元明以降，北方語音全濁聲母已不復存在。所謂「平聲讀從透類，上去入讀從端類」者，實爲變成清聲以後之現象。若據以斷定「古母以一濁對兩清」，殊未見其可也！現代吳語中全濁尚多保存本值，且大部分讀爲送氣。故本篇仍從江洪陳三家之說，以全濁配次清。於勞章二氏之論，猶未敢苟同也。

2.5 釋 發送收 與 戛透拂轢揉

舊韵學家就聲母發音方法以釐定其種類者，自等韵之「全清」「次清」，「全濁」，「次濁」四類而外，以明方以智所分之「初發聲」，「送氣聲」，「忍收聲」三類爲最早。(33) 其後

(31) 等韵一得補編頁十七
(32) 國故論衡上音理論
(33) 通雅卷五十，切韵聲原頁七，

第三表　聲母發音方法異名表 (41)

本篇定名	本篇分類		邵作舟說	勞乃宣等韻一得引	勞乃宣等韻一得	洪榜四聲韻和表	陳澧切韻考外篇	江有誥等韻叢說	江永音學辨微	錢大昕十駕齋養新錄出	方以智通雅切韻聲原初
塞聲	不送氣	幫非端知見影	○○○○○○			戛	戛	發聲	發聲	聲送	發聲送氣
	送氣	滂敷透徹溪				類透	類透	送氣		聲送	聲忍
塞擦聲	不送氣	精照	○○								
	送氣	清穿	從牀			類透	類透	氣外收聲內收	氣收	氣收	收
擦聲		曉心審	○		匣邪禪	類拂	類轢				
邊聲				來	類轢	類捴					
鼻聲		○○○○○○○	日明微泥娘疑	喻	類揉	類捴	收聲				
半元音		○			類	類	聲	聲	聲		

錢大昕分「出聲」,「送氣」,「收聲」三類(34); 江永江有誥陳澧分「發聲」,「送氣」,「收聲」三類(35): 大體均與方氏相同。洪榜分「發聲」,「送氣」,「外收聲」,「內收聲」四類(36);勞乃宣分「戛」「透」「轢」「捺」四類(37);邵作舟分「戛」「透」「拂」「轢」「揉」五類(38):則與方氏微有出入。然各類之發音狀態若何,各家均鮮明確解說。惟陳澧謂:「發聲者,不用力而出者也;送氣者,用力而出者也;收聲者其氣收歛者也」(39)。勞乃宣謂:「氣之遇於鼻舌齒唇也,作戛擊之勢而得音者,謂之戛類。作透出之勢而得音者,謂之透類。作轢過之勢而得音者,謂之轢類。作按捺之勢而得音者,謂之捺類。戛稍重,透最重,轢稍輕,捺最輕。嘗仿管子聽五音之說以狀之曰:戛音如劍戟相撞,透音如彈丸穿壁而過,轢音如輕車曳柴行於道,捺音如蜻蜓點水一即而仍離:此統擬四類之狀也」(40)。今案陳說失之簡單,勞說失之抽象,學者殊未能一覽而晰。若繹其內容,詳加勘究,則諸家所分與今之塞聲,塞擦聲,擦聲,邊聲,鼻聲五類性質並同,惟分類稍有參差。其中尤以邵氏所分最為精密。特定名有玄察之異,故涵義有顯晦之殊耳。茲表列異名,以資參證(參看上頁第三表)

(34) 十駕齋養新錄卷五頁十一,
(35) 音學辨微四辨七首頁九。等韻叢說頁六至八。切韻考外篇卷三頁四。
(36) 四聲韻和表
(37) 等韻一得外編頁七至八頁。
(38) 同上,頁三十七。
(39) 切韻考外篇卷三頁六。
(40) 等韻一得外編頁七。

輔音分類，具如右述，聲母音理，已可了然。茲更綜集前說，經以部位，緯以方法，列為輔音總表。此後標註古今聲母，胥以是表為準則（參閱第四表）：

(41) 諸家分類，閱表可明。然各母出入，尚微有參差。若方以智以曉（匣）為發聲，夫（非敷奉）為送氣，來日為收餘；陳澧以來日為發聲；江有誥以曉匣為發聲，影喻為收聲，來日為收餘；洪榜以非敷奉為外收聲，影喻為內收聲，邵作舟以非奉為拂類，明為驃類，影喻為揉類：均與本篇所列不同。至於方以智盡刪全濁，邵作舟以全濁承夏，勞乃宣以全濁兼承夏透：亦與本篇殊異。

第四表　輔音表

發音部位上部\下部簡稱\發音方法			上唇\下唇\雙唇	上齒\下唇\齒唇	齒\舌尖\齒間	齒\舌尖\舌尖前	齒齦\舌尖\舌尖中	後齒齦\舌尖\舌尖後	齒齦\舌尖與舌面混合葉	前硬顎\舌面\舌面前	硬顎\舌面\舌面中	前軟顎\舌面\舌根	軟顎\舌面\小舌	喉
塞聲	不帶音	不送氣	p				t	ʈ		ȶ	c	k		ʔ
		送氣	p'				t'	ʈ'		ȶ'	c'	k'		ʔh
	帶音	不送氣	b				d	ɖ		ȡ	ɟ	g		
		送氣	b'				d'	ɖ'		ȡ'	ɟ'	g'		
塞擦聲	不帶音	不送氣		pf		ts		tʂ	tʃ	tɕ				
		送氣		pf'		ts'		tʂ'	tʃ'	tɕ'				
	帶音	不送氣		bv		dz		dʐ	dʒ	dʑ				
		送氣		bv'		dz'		dʐ'	dʒ'	dʑ'				
鼻聲	帶音		m	ɱ			n	ɳ		ɲ̟	ɲ	ŋ		
顫聲	帶音						r						R	
邊聲	帶音						l	ɭ		ʎ		ɫ		
擦聲	不帶音		ɸ	f	θ	s	ɬ	ʂ	ʃ	ɕ	ç	x	χ	h
	帶音		β	v	ð	z	ɮ	ʐ	ʒ	ʑ	j	ɣ	ʁ	ɦ
半元音	帶音		w, ɥ v {ŭ, y̆}				ɹ			j (ɥ) (w) {ĭ, y̆}				O

第三講　韻類之分析

3.1 韻母之成素

漢字之韻母由韻頭韻腹韻尾三部組成：韻頭爲介音，韻腹爲元音，韻尾則有元與音輔音二類。因此三者一部或全部之變異而韻母之差別以生。故類別韻母宜自分析元音介音及韻尾始。

3.2 元音之分析

氣息自氣管呼出時，但使聲帶發生顫動，引起口腔共鳴，而不受其他發音器官阻礙者，謂之元音（Vowels）。然共鳴大小，繫於口腔之廣狹，口腔廣狹，脣舌實司其關鍵。故元音因舌之高低前後而有弇侈洪細之殊；因脣之平展圓歛復有開齊合撮之異。近代語音學家嘗就 [i] [a] [ɑ] [u] 四音舌之最高點聯結而成一不等邊四角形，以其間之經線表示舌之高低，以其間之緯線表示舌之前後，因而部署元音之舌位如下圖：

中國音韻學導論

國際音標元音圖

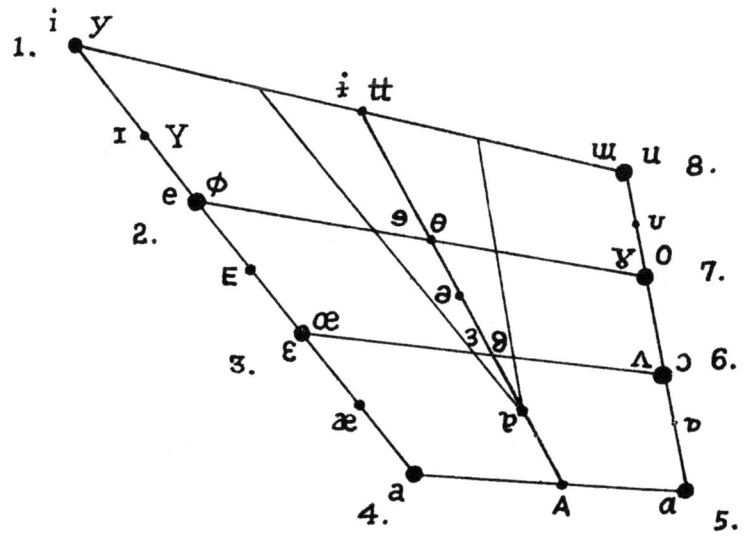

　　圖中 [i] [y] [u] [ɯ] 爲最高元音，[ɪ] [ʏ] [ʊ] 爲次高元音；[e] [ø] [ɘ] [ɵ] [o] [ɤ] 爲高中元音，[ɛ] [ə] 爲正中元音，[ɜ] [œ] [ɝ] [ɞ] [ʌ] [ɔ] 爲低中元音；[æ] [ɐ] [ɒ] 爲次低元音，[a] [ᴀ] [ɑ] 爲最低元音：此縱的分類也。又 [i] [y] [ɪ] [ʏ] [e] [ø] [ɛ] [ɜ] [œ] [æ] [a] 爲前元音；[ɨ] [ʉ] [ɘ] [ɵ] [ə] [ɝ] [ɐ] [ᴀ] 爲央元音；[u] [ɯ] [ʊ] [o] [ɤ] [ɔ] [ʌ] [ɑ] [ɒ] 爲後元音：此橫的分類也。大抵舌前者音細、舌後者音洪；舌高者音

— 32 —

弇，舌低者音侈。此據舌之部位以類別元音者也。

　　元音圖中列舉之韵，如[i]與[y]，[e]與[ø]，[u]與[ɯ][o]與[ɤ]，[ɔ]與[ʌ]等，舌位相同，而音值迥異，則由脣之變化使然。脣之形狀大別有二：突歛而成圓形者謂之「圓脣」（Rounded lip）；舒展而成扁平形或保持自然狀態者，謂之「不圓脣」（unrounded lip）。若詳細區分，更可判爲五級：一曰「特開」，[i][ɪ][e][ɛ][æ][a]等音屬之；二曰「中性」，[ɨ][ə][ɚ][ɜ][ɐ][ɯ][ɤ][ʌ][ɑ]等音屬之；三曰「略圓」，[œ][ɞ][ɔ]等音屬之；四曰「圓」，[ø][θ][o]等音屬之；五曰「最圓」，[u][y]二音屬之。至於[ɐ]音則介乎特開與中性之間，[ɒ]音則介乎「中性」與「略圓」之間；[ɤ][ʊ]兩音則介乎「圓」與「最圓」之間，皆不專屬一級；此據脣之形狀以類別元音者也。案明淸等韵家所分之「開」「齊」「合」「撮」四呼亦指脣之形狀而言。惟除以[i]類爲齊齒，[u]類爲合口，[y]類爲撮口外，其餘均屬開口，所分等級略較上說含混耳。

　　脣之作用大抵隨舌之運動爲轉移：舌愈後升則脣愈圓，舌愈前升則脣愈開。故後元音以圓脣爲原則，前元音及央元音以不圓脣爲原則。循茲軌者謂之正則元音，如[i][ɪ][e][ɛ][ɜ][æ][a][ɑ][ɔ][o][ʊ][u]等音是；違茲軌者謂之非正則元音，如[y][ɤ][ø][œ][ʌ][ɤ][ɯ]等音是。凡練習元音時，前元音必先使不圓脣者發音正確，而後不變更舌勢撮歛其脣，卽成相對之圓脣元音；後元音必先使圓脣發音正確，而後不變更舌勢展放其脣，卽成相對之不圓脣元音。瓊斯（Daniel Jones）所以定[i][e][ɛ][a][ɑ][ɔ][o][u]八音爲「標準元音」（Cardinal

— 33 —

Vowels）者，蓋以其合符正則足爲初學審音圭臬故也。

　　舌之部位及唇之形狀爲類別元音之主要條件。此外或因肌肉弛（lax）張（tense）而有寬音（Wide Vowels）窄音（Narrow Vowels）之分（如 [ɪ][ʊ]爲寬元音，[i][u]爲窄元音）；或因時間久暫而有長音（long Vowels）短音（Short Vowels）之別（如 [i:] [e:] [ɛ:] [a:]爲長元音；[ĭ] [ĕ] [ɛ̆] [ă]爲短元音）；或因鼻腔通塞而有口音（Oral Vowels）鼻音（Nasal Vowels）之異（如 ɛ ɑ ɔ œ 爲口元音，ɛ̃ ɑ̃ ɔ̃ œ̃ 爲鼻元音：凡此種種亦並辨析元音時所不可忽略者也。

3·3 聲化元音與韻化輔音

　　元音爲構成韵母之要素，故一切韵母缺頭尾猶可成者，去韵腹則啞而無響。然我國方言中亦有非元音而有韵母之功用者，則「聲化元言」與「韵化輔音」是也。

　　[i] [u] 等高元音在舌尖前音 [ts] [ts‘] [s] 及舌尖後音 [tʂ] [tʂ‘] [ʂ] [ʐ] 之後，往往受聲母之類化而消變其本有之音值。此種聲音在歐洲語音中頗不習見，故西人轉譯我國「資」「疵」「私」及「知」「池」「尸」內所含之韵母每易發生困難。明末金尼閣（Nicolas Trigault）作西儒耳目資，於 u 攝特創「甚」「次」「中」之分，以「租」「麤」「蘇」爲甚音 u，以「資」「疵」「私」爲次音 ȗ，以「主」「除」「書」爲中音 u。自謂「甚者自鳴字之完聲也，次者自鳴字之半聲也。減甚之完卽成次之半，中者甚於次，次於甚之謂也。開唇而出者爲甚，略閉唇而

中國音韻學導論

出者爲次，是甚次者開閉之別名也」。(1) 然則金氏雖知「資」等「主」等之音變，而無適當之音標，正確之解釋，致使方以智以甚次中與發送收相擬(2)，四庫提要謂甚次卽中國之輕重等子(3)，皆不免望文生訓，附會滋疑。後此西人對於此音之轉譯，亦仍似是而非，漫無準則。例如：

	"資"等	"知"等
Vissiére 及 BEFEO	eu	e
Couvreur	eu	eu
四川之傳教師	e	e
俄文式寫法	ы	ы
Mateer	ï	ï
Parker	z	ï
Kühnert	y	i
Wade	ŭ	ih

惟高本漢謂：讀聲母 [z] 時，若將舌與齒齦間之通路略微放寬，適減去其摩擦作用，卽可得「資」等之韵。讀聲母 [ẓ] 時，若將舌與齒槽間之通路作同樣之放寬，卽可得「知」等之韵。因造 [ɿ] 韵以標「資」，[ʅ] 韵以標「知」。中國方音有讀「主」等爲 [ɿ] 之圓唇，「書」等爲 [ʅ] 之圓唇者，則別造 [ʮ][ʯ] 兩韵以標之(4)。如高氏所說，則非特金尼閣所謂「次」「中」二

---

(1) 西儒耳目資譯引首譜頁五三至五五
(2) 通雅切韵聲原頁七
(3) 四庫全書總目提要經部小學類存目二
(4) 參閱 B. Karlgren: *Phonologie Chinoise* pp. 294—297

音可得的解，卽切韵指掌圖第十八圖所以改列支韵四等「茲」「雌」「慈」「思」「詞」爲一等，與夫周德清中原音韵所以別支思於齊微者，亦皆可渙然冰釋矣。

又止攝日母「兒」「耳」「二」等字之韵母，現代國音特造ㄦ韵以標之。此種音變自中原音韵收「兒」「耳」「二」等入支思部已可略見其端。更以遼金元三史譯名中「兒」等之對音證之，則其轉變當在宋元之際(5)。蓋由日母自[nʑ]變[ʑ]，於是高元音[i][iː][ie]等韵母乃受其類化而變爲[ɹ]之下降音[ㄧㄦ]，亦卽[ə]音同時加捲舌作用之音[ɚ](6)，其理與[ʅ][ʅ][ɿ][ʮ]之演變適同：若此之類皆所謂聲化元音也。

鼻音[m][n][ŋ]等俱爲帶音之久聲，氣流在鼻孔中仍甚自由，在聽感上輔音性之噪音特少，故稍延長之卽可自成音綴(Syllable)。如蘇州之嘸[m̩]魚[ŋ̍]音崇明之你[n̩]，廣州之唔[m̩]五[ŋ̍]，福州之怀別[m̩-mai]怀通[ŋ̍-nøyŋ]怀去[ŋ̍ŋɒ]等皆是也。然此等方音中[m][n][ŋ]雖可自成音節尙鮮有與其他聲母拼合者，而廈門方音則於獨立之姆[m̩]黃[ŋ̍]等字外尙有媒[hm](或[m̥])，方[pŋ]當[tŋ]，光[kŋ]，莊[tsŋ]等字直接與其他聲母拼合，則與元音之性質益爲相近：若此之類，皆所謂韵化輔音也。

茲綜彙前說，列爲第五表：

---

(5) 參閱唐虞兒音演變考，見史語集刊第二本第三分
(6) 參閱趙元任國語寕音調查報告

第五表　國際音標元音表

類別 前後 高低	舌面音 前 特開/中性	前 略圓	前 設圓	央 特開/中性	央 略圓	央 設圓	後 特開/中性	後 略圓	後 設圓	聲化元音 前 不圓	聲化元音 央或後 不圓	聲化元音 央或後 圓	消化輔音 前 中性	消化輔音 前 閉	消化輔音 後 中性
高 最高	i	y		ɨ			ɯ		u	ɿ	ʅ				
高 次高	I	Y							ʊ						
中 高中	e	ø		ɘ	ɵ		ɤ		o			ɚ			
中 正中	E			ə										m	ŋ
中 低中	ɛ	œ		ɜ	ɞ		ʌ		ɔ						
低 次低	æ			ɐ											
低 最低	a						ɑ		ɒ				n		

3·4 廣韻與國音中之元音

廣韻各韻所含之主要元音,據近人構擬之結果,歌戈泰豪談寒桓唐爲 [ɑ],咍灰覃爲 [ɒ],麻佳夬肴銜刪陽爲 [a],皆咸山爲 [ä],廢嚴凡元庚爲 [ɐ],耕爲 [æ],祭宵鹽仙清爲 [ɛ],齊蕭添先青爲 [e];東虞爲 [u] 冬鍾模魚爲 [o],江爲 [ɔ],侯尤幽侵痕魂欣文登蒸爲 [ə],脂之支微臻眞諄爲 [i];(7) 上去入可據此類推:故二百零六韻中實際只有主要元音十三,若 [ɑ] 之與 [ɒ],[a] 之與 [ä],猶不過爲長短之異而已。至于現代國音韻母則ㄚ爲 [a],ㄝ爲 [ɛ],ㄛ爲 [o] ㄜ爲 [ɤ] 或 [e],ㄧ爲 [i],ㄨ爲 [u],ㄩ爲 [y],ㄭ爲 [ɿ] 或 [ʅ],ㄦ爲 [ɚ],ㄞㄟ所含者爲 [a],ㄠㄤ所含者爲 [ɑ],ㄟ所含者爲 [e] ㄡ所含者爲 [o],ㄣ所含者爲 [ə],ㄥ所含者爲 [ʌ](8) 除 [ɿ] [ʅ] [y] [ɚ] 四音爲近代演變外,[a] [ɑ] [ä]、[ə] [ɤ] [ʌ] 與 [ɛ] [e] 三組各可併爲一「音位」(phoneme):以視廣韻韻系益趨簡單矣。

3·5 介音之分析

位于聲母與韻腹間之高元音,發音略短,且或有輔音性之傾向者,謂之「介音」(medial)。漢字之介音,依宋元等韻系統推求,應有 [i] [u] 兩種,每種又各有元音性([i],[u])與輔音性([ĭ],[w])之異;其由 [iu](或 [iw])兩音結合者,後代演變爲 [y]:故現代多數方言中仍有 [i] [u] [y] 三介音。至如

---

(7)據高本漢中國音韻學研究所擬之讀音

(8)據前國語統一籌備委員會製中國國音字母表

咸陽等處方言讀'撾'[tʂɥɑ]，'弱'[ʐɥɔ]，'拙'[tʂɥɛ]，'吹'[tʂʻɥei]等字含有[ɥ]介音，讀'婆'[sɥɑ]，'全'[ts'ɥɛ]，'村'[ts'ɥõ]，'宗'[tsɥõ]等字含有[ɥ]介音，(9) 則由聲母之類化使然，不可以正則論也。

3·6 釋等呼

宋元等韵「轉」「攝」圖，如韵鏡，七音略，四聲等子，切韵指掌圖，切韵指南之類，每圖各分韵爲四「等」，今所傳敦煌寫本守溫韵學殘卷中亦有「四等重輕例」，其分等悉與此類韵圖相合。(10) 可知四等之分在守溫以前即已流行矣。至宋代以等名書者，則有四聲等子及四聲等第圖，等韵之名，蓋始于此。晁公武郡齋讀書志：「四聲等第圖一卷，皇朝僧宗彥所撰切韵訣也。」其書久佚，內容無可覆按。陳澧謂與四聲等子即爲一書，(11) 殆亦臆測之詞，難于信從。又四聲等子序云：「切韵之作，始乎陸氏；關鍵之設，肇自智公。……其指玄之論，以三十六字母約三百八十四聲，別爲二十圖，畫爲四類」。但言「畫爲四類」，並未詮釋等名。於是後之治斯學者，或則矜爲「祕鑰」『玄關』，或則病其支離繳繞。其實所謂「等」者，即指介音[i]之有無及元音之弇侈而已。舊來論分等之義者惟江永陳澧之說最精。江氏曰：「一等洪大，二等次大，三四皆細，而四尤細」。(12) 陳氏曰：「等

(9) 據劉文錦記咸陽方音，史語集刊第三本，第二分。
(10) 參看劉復敦煌掇瑣，下輯；及羅常培「敦煌寫本守溫韵學殘卷跋」，史語集刊，第三本，第二分。
(11) 切韵考外篇卷三，頁十四。
(12) 音學辨微，頁十九，辨等列。

之云者，當主乎韵，不當主乎聲，」(13) 並能斬絕糾紛，燭見等韵本法。今試以語音學術語釋之，則一二等皆無 [i] 介音，故其音「大」；三四等皆有 [i] 介音，故其音「細」。同屬「大」音，而一等之元音較二等之元音略後略低，故有「洪大」與「次大」之別，如歌之與麻，哈之與皆，泰之與佳，豪之與肴，寒之與刪，覃之與咸，談之與銜，皆以元音之後 [ɑ] 前 [a] 而異等。同屬「細」音，而三等之元音較四等之元音略後略低，故有「細」與「尤細」之別，如祭之與齊，宵之與蕭，仙之與先，鹽之與添，皆以元音之低 [ɛ] 高 [e] 而異等：然則四等之洪細，蓋指發元音時，口腔共鳴之大小而言也。惟冬之與鍾，登之與蒸，以及東韵之分公弓兩類，戈韵之分科瘸兩類，麻韵之分家遮兩類，庚韵之分庚京兩類：則以有無 [i] 介音分；又反切下字同在三等韵中，而正齒音之二三等以聲母之剛柔分（二等爲舌尖後音，三等爲舌面前音）；喻母及脣音牙音之三四等以聲母有無附顎作用分（三等有 j, 四等無 j）；他如正齒與齒頭不能並列一行，而降精清從心邪於四等，亦由等韵立法未善使然：斯並宜分別觀之，未可概以元音之奇侈論也。

今據假定之廣韵讀音而歸納之，則一等韵之主要元音爲 [ɑ]，[ə]，[o]，[u]；二等韵之主要元音爲 [ɔ]，[a]，[æ]，[ɐ]；三等韵之主要元音爲 [ɛ]，[i]；四等韵之主要元音爲 [e]。至一三等（或二三等）同在一韵者，則三等之主要元音與一等（或二等）同，惟元音前有 [i] 介音；自三等韵中因聲母差別而

---

(13) 東塾集卷三，頁十七，等韵通序。

分出之二四等，其主要元音仍以三等論：準此以求，庶于分等之義，思過半矣。(14)

宋元等韵只分「開口」「合口」二「呼」；(15) 又七音略所謂「重」「輕」，若衡以四聲等子序中「審四聲開闔以權其輕重」二語，實亦開合之義。(16) 案呂維祺同文鐸云：「七音雖同，而有開口合口之不同：開者其聲單而朗，合者其聲駢而渾」。江永音學辨微云：「音呼有開口合口：合口者吻聚，開口者吻不聚也」。呂說含混，遠不及江說之明晰，若以今語釋之，則介音或主要元音有 [u] 者，謂之合口；反之，則謂之開口：實卽「圓脣」與「不圓脣」之異而已。「開口」，「合口」之稱，廣韵末所附辯十四聲例法已採用之，所謂「十四聲」者：

一． 開口聲　阿哥河等，並開口聲；
二． 合口聲　㘷甘堪譜等，並是合口聲；
三． 蹙口聲　憂丘鳩休等，能所俱重也；
四． 撮脣聲　烏姑乎枯，能所俱重；
五． 開脣聲　波玻摩婆，能所俱輕；
六． 隨鼻聲　灼（吳稚暉謂爲炮字之訛（蒿考好（原作姑，此從元刻本玉篇改）等，能所俱重也；
七． 舌根聲　奚雞溪等，能所俱重；

(14) 參閱羅常培通志七音略研究，史語集刊，第五本，第四分；別有釋等呼稿，未刊。
(15) 韵鏡以「開合」並稱者四見，切韵指掌圖稱「獨韵」者六見，四聲等子稱「啓口呼」者一見：此皆獨立爲一類也。
(16) 參閱羅常培釋輕重，史語集刊，第二本，第三分。

八、　　蹴舌下卷聲　伊酌等，能所重；
九、　　垂舌聲　遮車奢者，能所俱輕；
十、　　齒聲　止其始等，能所俱輕也；
十一、　牙聲　迦佉俄等，能所俱輕；
十二、　齶聲　鴉囂等，能所輕；
十三、　喉聲　鴉加瘦等，能所俱輕；
十四、　牙齒齊呼開口送聲　吒沙拏茶，能所俱輕。

其中，或指聲母，或指韻母，或指尾音，雖有「開口」「合口」之名，實與音呼之法無涉，吳稚暉謂即『六朝時等韻字母之胚胎也』。(17) 然四等之辨，明人即已混淆：袁子讓字學元元讀上下等法辯云：「等子雖列爲四，細玩之，上二等開發相近，下二等收閉相近，須分上下等讀之」。葉秉敬韻表凡例六，辯二等云：「韻表之設，大都述而不作，未有無所因而輒創自愚臆者，中間惟一表二等之法，乃千古未洩之秘。愚每翻覆于脣舌，往來于心口，灼見二等之外毫不可增，二等之外毫不可減」。呂維祺同文鐸四等說云：「上二等其聲麤而洪，下二等其聲細而歛」。此三說者，皆有併四等爲二等之趨向。及梅膺祚字彙所附韻法直圖遂廢棄四等，增立十呼，于「開口」「合口」之外，益以「齊齒」「撮口」，「閉口」，「齊齒卷舌」，「齊卷而閉」，「舌向上」，「咬齒」，「混乎」八目。李嘉紹韻法橫圖亦沿用其法，而删去「舌向上」及「咬齒」兩呼。宋元等韻舊制，於是丕變。然其所謂「呼」者，或指脣之形態，或指舌所抵觸，或狀韻頭性

(17) 見方毅國音沿革序。

質,或辨韻尾差別,甚至牽涉聲母發音,彙及元音聲化:觀點不一,涵義參差,以視廣韻末所附辯十四聲法,蓋同一駁雜也。降至清初,馬自援,林本裕,釋宗常等雖有所刪併,而猶未能澈底廓清。及潘耒作類音,始汰其繁複,袪其駁雜,專以唇之形態為準則,定為「開口」,「齊齒」,「合口」,「撮口」四呼,並釋其義曰:「初出于喉,平舌舒唇,謂之開口;舉舌對齒,聲在舌齶之間,謂之齊齒,歛唇而蓄之,聲滿頤輔之間,謂之合口;蹙唇而成聲,謂之撮口」。又謂:「四呼非他,一音之變也。音之由中達外,在牙齶間則為開口,歷舌端則為齊齒,蓄于頤中則為合口,聚于唇端則為撮口。開與合相應,齊與撮相應,有則俱有,無則俱無,一几四隅,一馬四蹄,不可增減者也」。(18) 於是宋元等韻之四等二呼遂演變為清代等韻之開齊合撮四呼。若以今語釋之,則韻母之不含 [i][u][y] 三音素者,統謂之開口;以 [i] 作介音或主要元音者,謂之齊齒;以 [u] 作介音或主要元音者,謂之合口;以 [y] 作介音或主要元音者謂之撮口:並指韻頭或韻腹之唇態而言,與韻尾或聲母完全無涉。又字母切韻要法以開合正副為四呼之稱,其後李元音切譜釋之曰:「四等者,開合正副也。正音近喉,副音近齒;正音縮舌,副音伸舌;正音重濁,副音輕清。開口正音俗稱開口音,開口副音俗稱齊齒音;合口正韻俗稱合口音;合口副音俗稱撮口音」。(19) 遂致「等」與「呼」復混而不辨,且漸泛稱為「等呼」矣。今將宋元等韻家與

(18) 聲音元本論下。
(19) 音切譜卷一,頁十一。

明清等韻家關于等呼觀念之異同列爲左表，以明其遞變之迹（參閱第六表）：

* * * * *

表中加圈號者爲重見之呼名，在括弧中者爲非正則各呼之例字，又「牙音」各母古開口二等字近代盡變齊齒而古合口三等字近代不全變撮口，明清人所定奇異各呼除「舌向上」，「咬齒」，「閉口」及「卷舌閉口混呼」外，大抵因此而致繳繞，實不如類音以下以之分隸齊齒合口兩呼較爲簡當；表中直線分割之參差，即所以略示其分合狀況也。

第六表　等呼觀念演變表

宋元等呼／明清等呼	開口呼 一	開口呼 二	開口呼 三	開口呼 四	合口呼 一	合口呼 二	合口呼 三	合口呼 四
字彙所附 韵法直圖	開口呼 開口呼（甘）	齊齒卷舌呼（艱） 舌向上呼（祭） 齊卷而閉呼（監）	混呼（江）	齊齒呼	咬齒呼（貲） 閉口呼（兼）	合口呼	混呼（肩）	撮口呼
李嘉紹 韵法橫圖	開口呼 閉口呼（甘）	齊齒卷舌呼（間） 齊卷而閉呼（監）	混呼（姜）	齊齒呼	閉口呼（兼）	合口呼	混呼（胘）	撮口呼
釋宗常 切韵正音經緯圖	開口呼 開口旋閉呼（甘）	齊齒卷舌呼（兼） 齊齒旋開呼（監）	開合混呼（江）	啟口齊齒呼		合口呼		撮口呼
林本裕 聲位	開口呼 閉口卷舌混呼（甘）	卷舌閉口混呼（鄒）	啟口齊齒呼		閉口卷舌混呼（觥）	合口呼		撮口呼
馬自援 等音	開口呼		齊齒呼			合口呼		撮口呼
潘耒 類音	開口呼		齊齒呼			合口呼		撮口呼
字母切韵要法／李元音切譜	開口正韵		開口副韵		合口正韵		合口副韵	

3·7 尾音之分析

韻母最末之成素是爲「尾音」（auslaut）。漢字之韻母，以元音爲尾者二：[-i]，[-u] 是也；以鼻音爲尾者三：[-m]，[-n]，[-ŋ] 是也；以塞音爲尾者亦三：[-p]，[-t]，[-k] 是也。鼻尾與塞尾，在現代方言中，惟閩南，廣州，客家全部保持，其餘則福州舒聲有 [-ŋ]，促聲有 [-k]；吳語舒聲有 [-n] 或 [-ŋ]，促聲變 [-ʔ]；官話舒聲有 [-n] 及 [-ŋ]，促聲變 [-ʔ] 或失落。至于高麗譯音（Sino-corean）及湖北江西一部分方言由 [-t] 變來之 [-l] 尾，則與唐末西北方言中之 "-r" 尾相近，(20) 蓋古代方音歧異之遺跡也。

3·8 釋曲韻之六部

詞曲家舊分韻部爲六條：一曰「穿鼻」，二曰「展輔」，三曰「斂脣」，四曰「抵齶」，五曰「直喉」，六曰「閉口」。戈載詞林正韻發凡九云：「穿鼻之韻，東冬鍾，江陽唐，庚耕清青蒸登三部是也；其字必後喉間穿鼻而出作收韻，謂之穿鼻。展輔之韻，支脂之微，齊灰佳半皆咍二部是也；其字出口之後，必展兩輔如笑狀作收韻，謂之展輔。斂脣之韻，魚虞模，蕭宵肴豪，尤侯幽三部是也；其字在口半啓半閉，斂其脣以作收韻，謂之斂脣。抵齶之韻，眞諄臻文欣魂痕，元寒桓刪山先仙二部是也；其字將終之際，以舌抵著上齶作收韻，謂之抵齶。直喉之韻，歌戈，佳半麻二部是也；其字直出本音以作收韻，謂之直喉。閉口之

---

(20) 參閱羅常培唐五代西北方音頁 60—62

韵，侵，覃談鹽沾嚴咸銜凡二部是也；其字閉其口以作收韵，謂之閉口」：其形容六部收聲之狀，可謂辨析毫芒，工于體會。然若以語音學術語釋之，則凡開口無尾者即所謂「直喉」，以[-i]爲尾者即所謂「展輔」，以[-u]爲尾者即所謂「歛脣」，以[-m]爲尾者即所謂「閉口」，以[-n]爲尾者即所謂「抵腭」，以[-ŋ]爲尾者即所謂「穿鼻」：執此以印證戈氏之說，益可了無疑滯。惟入聲之以[-t]或[-p]爲尾者，固可分隸抵腭或閉口，而收[-k]者則不得謂之穿鼻，今人唐鉞別立'礙喉'一詞以稱之，(21) 庶可彌補戈氏之缺漏矣。

3·9 釋'轉''攝'及 陰'陽'

　　四聲等子及切韵指南統括韵部爲十六攝：以通止遇果宕曾流深爲「內轉」，以江蟹臻山效假梗咸爲「外轉」。所謂「攝」者，蓋即聚集尾音相同，元音相近之各韵爲一類也。意大利人武爾披齊利（Z. Volpicelli）作中國音韵學（Chinese Phonology）譯「攝」字爲 'termination' (22) 荷蘭人商克（S. H. Shaank）作古漢語發音學（Ancient Chinese Phonetics）譯「攝」字爲 "Classifier," (23) 雖未能盡賅「攝」字涵義，然較高本漢譯爲 "group" 者，(24) 猶能重視尾音也。

---

(21) 見國故新探（補訂版）頁一百十一。
(22) 參閱 Z. Volpicelli's *Chinese Phonology*. p. 20
(23) 參閱羅常培域外中國聲韵論著述評 58 頁；通報第八卷 p. 458 註 +. 第九卷 p. 28.
(24) B. Karlgren's *Phonologie Chinoise*, p. 603 etc

中國音韻學導論

清代治古韻學者，又分韻部爲「陰」，「陽」兩類。案廣韻入聲各部，凡收[-p]尾者皆配閉口韻，收[-t]尾者皆配抵齶韻，收[-k]尾者皆配穿鼻韻：清人所謂「陰」「陽」卽以「無入」「有入」爲區分之標準。故戴震答段若膺論韻書中云：「有入者如气之陽，如物之雄，如衣之表；無入者如气之陰，如物之雌，如衣之裏」。(25) 其弟子孔廣森作詩聲類乃以「陰」「陽」相配，上下「對轉」。(26) 而「陰聲」「陽聲」之定義則至章炳麟氏始炳焉大明。其言曰：「孔氏詩聲類列上下兩行，爲陽聲陰聲。其陽聲卽收鼻音，陰聲非收鼻音也。然鼻音有三孔道：其一曰撮脣鼻音，印度以西皆以半摩字收之；其一曰上舌鼻音，印度以西皆以半那字收之；其一曰獨發鼻音，印度以姎字收之」。(27) 由今論之，凡尾音有[-m] [-n] [-ŋ]者，卽所謂「陽聲」；開口無尾或以[-i][-u]爲尾者，卽所謂「陰聲」。直喉，展輔，斂脣三類皆爲「陰聲」，閉口，抵齶，穿鼻三類則「陽聲」也。今爲避免牽混聲調之「陰」「陽」，改稱孔章所謂「陽聲」爲「陽韻」，或逕名之曰「附聲韻」；改稱「陰聲」爲「陰韻」，或逕名之曰「不附聲韻」：而於聲調則別立「陰調」「陽調」二名(28) 以免眩惑。

茲更綜括上文，列爲下表：

---

(25) 聲類表卷首，頁四。

(26) 詩聲類序

(27) 國故論衡上，成均圖說，頁六。

(28) 王國維五聲說，卽由不能分別「陰韻」「陽韻」與「陰調」「陽調」之不同，而致陷于錯誤；參閱觀堂集林卷八，頁一至四。

第七表　古今尾音分類異同表

古韻陽韻六類	陰韻			陽韻		
	直喉	展輔	歛脣	閉口	抵齶	穿鼻
尾音	-○	-i	-u	-m(-p)	-n(-t)	-ŋ
等韻韻攝	果假	止蟹	遇流效	深咸	臻山	江宕梗曾通
廣韻平聲	歌麻戈	哈灰泰脂之支微佳皆夬祭廢齊	模魚虞侯尤幽豪肴宵蕭	侵覃談咸銜鹽添嚴凡	寒桓刪山元仙先痕魂臻眞諄欣文	江唐陽登蒸東冬鍾庚耕清青
附廣韻入聲	（上古音*-g 或 *-d）	（上古音*-g）	緝合盍洽狎葉怗業乏	曷末黠鎋月薛屑沒櫛質術迄物	（附「礙喉」-k）屋沃燭覺藥鐸陌德職麥昔錫

— 49 —

依本講分析之結果，則廣韻雖多至二百零六韻，而除聲調差別外，實際所含之音素不過[i][u]二介音，[ɑ] [o] [u] [ə] [ɔ] [a] [æ] [ɐ] [ɛ] [i] [e]十一元音，[i] [u] [m] [n] [ŋ] [p] [t] [k]八尾音而已。執簡馭繁，固不難得其鯈理也。

第四講　調類的分析

4·1 聲調之定義

聲音之構成由于彈性物體之顫動（vibration）。在一定時間內，顫動次數（frequency）多者，則其音「高」；反之，則其音「低」。此種「高」「低」之差別，在物理學及樂律學中謂之「音高」（pitch），在語言學及音韻學中則謂之「聲調」（tone or intonation）。漢字之分「四聲」，卽由「聲調」有高低抑揚之異也。(1)

4·2 論平上去入

以「平上去入」爲四聲，自齊梁之際始。南史陸厥傳云：「永明末，盛爲文章。吳興沈約，陳郡謝朓，琅琊王融，以氣類相推轂。汝南周顒善識聲韻。約等文皆用宮商，以平上去入爲四聲。以此制韻，平頭上尾，蜂腰鶴膝，五字之中音韻悉異，兩句之內角徵不同，不可增減，世呼爲永明體。………時有王斌者，不知何許人，著四聲論，行于時。斌初爲道人，博涉經籍，雅有才辯‧善屬文，能唱導。」(2) 梁書沈約傳云：「約撰四聲譜，以爲在昔詞人累千載而不悟，而獨得胸衿，窮其妙旨，自謂入神之作。高祖雅不好焉，嘗問周捨曰：『何謂四聲？』捨曰：『天子聖哲是也』。然帝竟不遵用。」(3) 又庾肩吾傳云：「齊永明

（1）劉復四聲實驗錄，中文本，頁 4—6; 19—20.
（2）南史十八，南齊書五十二同。
（3）梁書十三，南史五十七同。

中·王融謝朓沈約文章始用四聲，以爲新變。至是轉拘聲韵，復踰于往時。」(4)究其功用，惟在錯綜字調之低昂，以和諧文辭之節律而已。陳寅恪近作四聲三問，其一謂四聲之數與轉讀佛經之聲調有關。蓋以天竺圍陀之聲明論，依聲之高低，分「聲」svara 爲三，一曰 udātta, 二曰 svarita, 三曰 anudātta。其所謂聲者，適與中國四聲之所謂聲者相類似。佛經輸入中國，其教徒轉讀經典時，此三聲之分別當亦隨之輸入。其時中國文士依據及摹擬當日轉讀佛經之聲，分別定爲平上去之三聲。合入聲共計之，適成四聲。於是創爲四聲之說，並撰作聲譜，借轉讀佛經之聲調以應用於中國之美化文。其二謂四聲說所以成于南齊永明之世，創自周顒沈約之徒者，蓋由南齊武帝永明七年二月二十日竟陵王子良大集善聲沙門於京邸，造經唄新聲；而蕭衍沈約謝朓王融蕭琛范雲任昉陸倕等又同在「竟陵八友」之列。於是善聲沙門與審音文士交互影響，遂創爲聲調新說。其三謂宮商角徵羽五聲關於聲之本體，平上去入四聲關于聲之實用。論理則指本體以立說，舉五聲而爲言；屬文則依實用以遣詞，分四聲而撰譜：蓋猶同光朝士所謂「中學爲體，西學爲用」之意也。(5)其持論之精闢，實足以發千餘年未覩之祕，釋文化史上久蓄之疑。然以聲調判別義類，乃漢語之一特質，平上去入之名雖定于周沈，而聲調之實則非肇自齊梁。當魏晉之際，李登聲類旣以「五聲命字」，

(4) 梁書四十九，南史五十同。
(5) 清華學報第玖卷第二期，頁275—287.

呂靜韵集復分「宮商鰡徵羽各爲一篇。」(6) 他如陸機明「聲音之迭代」,(7) 范曄別宮商之重輕,(8) 並與四聲之論,異名同實。日釋空海文鏡秘府論調聲節下引元氏䪨曰:「聲有五聲,角徵宮商羽也。分於文字四聲,平上去入也。宮商爲平聲,徵爲上聲,羽爲去聲,角爲入聲。」又引劉善經四聲論（隋書經籍志及文學傳作四聲指歸） 云:「齊太子舍人李季（原脫）節知音之士,撰音韵（原作譜）決疑,其序云:『案周禮,凡樂圜鐘爲宮,黃鐘爲角,太簇爲徵,姑洗爲羽,商不合律,蓋與宮同聲也。五行則火土同位,五音則宮商同律,闇與理合,不其然乎？呂靜之撰韵集,分取无方；王微（原作徵） 之製鴻寶,詠歌少驗。平上去入,出行閭里,沈約取以和聲,[之]（衍文）律呂相合。竊謂宮商徵羽角卽四聲也,羽讀括羽之羽。以（原作亦）之和同,以推（原作拉）羣音,無所不盡。豈其藏埋萬古而未啓（原作改）於先悟者乎？』往每見當此文人論四聲者衆矣,然其以五音配偶,多不能諧；李氏忽以周禮證明商不合律,與四聲相配,便［合］（衍文）恰然懸同；愚謂鍾蔡以還斯人而已。」(9) 然則,以「平上去入」與「宮商徵

(6) 見封演聞見記及魏書江式傳。
(7) 陸機文賦云:「曁音聲之迭代,若五色之相宣。」
(8) 范曄獄中與諸甥姪任書以自序云:「性別宮商,識清濁,特能適輕重,濟艱難。古今文人多不相了此處,縱有會此者,不必從根本中來。
(9) 原文多訛,從儲皖峰魏建功兩君說校改 ,增「季」刪「合」,易「改」爲「啓」則個人臆見也。魏君於所作論切韵系的韵書中亦引此文,但所見不同,讀者可參閱之。魏文載國學季刊第五卷第三號及十韵彙編卷首。

羽角」相配者，固不自段安節琵琶錄，徐景安樂書始也。(10) 故齊梁以前雖未必適有「四」聲，聲調之用亦不必專諧文律，而字音之早有高低抑揚，則固無容否認。且至四聲之風氣既成，文人編製韵書遂依其體系分類，較諸「聲」「韵」尤爲重要，蓋已成爲漢語聲音之元素矣。陳氏所以斤斤於「體」「用」之分，但申「四聲之說專主屬文」一義者，亦恐引起讀者之誤會耳。

4・3 古今聲調之異

上古有無四聲，說者尚無定論。陳第毛詩古音聲倡古無四聲之說。(11) 顧炎武音論更演其旨曰：「古人之詩，……上或轉爲平，去或轉爲平上，入或轉爲平上去，……故四聲可以並用。」又謂「入爲閏聲」。(12) 江永附和顧說，稱爲「善之尤者」。(13) 特兩君於古今聲調之異，猶未能明確言之耳。厥後段玉裁則謂：「周秦漢初之文，有平上入而無去。洎乎魏晉，上入聲多轉而爲去聲，平聲多轉爲仄聲，於是乎四聲大備，而與古不侔。」

---

(10) 陳澧切韵考內篇通論頁五云：「若段安節琵琶錄以平聲爲羽，上聲爲角，去聲爲宮，入聲爲商，上平聲爲徵；玉海載徐景安樂書以上平聲爲宮，下平聲爲商，上聲爲徵，去聲爲羽，入聲爲角。凌次仲燕考原謂其任意分配，不可爲典要。是也。」

(11) 參閱毛詩古音考卷一，頁二十七，谷風「怒」字註；及卷二，頁三十三，綢繆「隅」字註。

(12) 音論卷中，頁十至十四。

(13) 古韵標準例言，頁六。

(14) 孔廣森則謂：「入聲創自江左，非中原舊讀。………自緝合等閉口音外，悉當分隸自支至之七部，而轉爲去聲。」(15) 立說雖殊，而明古四聲與今不同則一也。江有誥初亦從古無四聲之說，(16) 後作唐韵四聲正乃謂：「古人實有四聲，特古人所讀之聲與後人不同。」(17) 當時王念孫亦贊同其說。(18) 近人陳漢章復作古聲無去入辨以駁段孔。(19) 是古四聲眞相何若，猶聚訟未決也。蘄春黃季剛先生承諸家之後，擷衆說之華，由所考古韵部居，斷定「古無上去，惟有平入。」(20) 錢玄同先生初亦遵用之，繼又采取段氏古四聲說分出上聲五部。(21) 余近讀牟應震毛詩古韵考亦信古有上聲之說，(22) 其理論別於各論詳之。至德人孔好古（Augustus Conrady）謂中國語及台語（Tai）之聲調乃由音組遞減或消失而變成，非原始所有，(23) 則須漢藏語比較研究進展後始克證明，今可存而不論也。

(14) 六書音韵表卷一，古四聲說。
(15) 詩聲類卷一，頁二。
(16) 初刻音學十書凡例。
(17) 見再寄王石臞先生書。
(18) 見王石臞先生遺文卷四，頁十八，與江晉三書。
(19) 綴學齋初藳卷三，頁十六。
(20) 音略略例。
(21) 見所印古韵三十三部表。
(22) 參閱拙著讀牟應震之詩古韵考，天津益世報讀書週刊，第四十二期。
(23) 見 Augustus Conrady: Eine Indochinesische Causativ-Denominativ Bildung und ihre Zusamnrensetzung mit den Ton-Accenten, Leipzig, (1896)

4·4 四聲之性質

關於四聲之性質，舊來說者每以「長短，輕重，緩急，疾徐」爲言，籠統模糊，迄無的解！如唐釋處忠元和韻譜曰：「平聲哀而安，上聲厲而舉，去聲清而遠，入聲直而促。」明釋眞空玉鑰匙歌訣曰：「平聲平道莫低昂，上聲高呼猛烈強，去聲分明哀遠道，入聲短促急收藏。」顧炎武音論曰：「平聲輕遲，上去入之聲重疾。」清江永音學辨微曰：「平聲音長，仄聲音短，平聲音空，仄聲音實；平聲如擊鐘鼓，仄聲如擊土木石。」張成孫說文諧聲譜曰：「平聲長言，上聲短言，去聲重言，入聲急言。」段玉裁與江有誥書曰：「平稍揚之則爲上，入稍重之則爲去」：或則望文生訓，或則取譬玄虛，從茲探求，轉滋迷惘！至於王鳴盛十七史商榷謂：「同一聲也，以舌頭言之爲平，以舌腹言之爲上，急氣言之即爲去，閉口言之即爲入。」(24) 牽混聲母，昧于調値，益謬誤不足道矣！近人能確指四聲之性質者，當首推劉復趙元任兩氏。劉氏以爲：聲音之斷定，不外「高低」，「強弱」，「長短」，「音質」四端。四聲與強弱絕不相干；與長短，音質，間有關係，亦不重要。其重要原素惟高低一項而已。然此種高低是複合的而非簡單的；且複合音中兩音彼此之移動，是滑的，而非跳的：此即構成四聲之基本條件也。(25) 趙氏以爲：一字聲調之構成，可以此字之音高與時間之函數關係爲完

(24) 十七史商榷卷十，漢書四，內言條

(25) 四聲實驗錄，中文本，頁 19, 20; 48—53.

全適度之準確定義：如畫成曲線，卽爲此字調之準確代表。(26)自此兩說出，而後千餘年來之積疑，乃得一旦豁然，誠審音之大快事也！

4‧5 辨識聲調之困難

然聲調所以不易辨識者，猶有二因：一曰調値紛錯，自古已然：二曰淸濁演變爲陰陽，每因方言而異類。案陸法言切韵序曰：「古今聲調旣自有別，諸家取捨亦復不同。吳楚則時傷輕淺，燕趙則多涉重濁。秦隴則去聲爲入，梁益則平聲似去。」所謂「吳楚輕淺，燕趙重濁」者，如顏氏家訓音辭篇云：「南方水土和柔，其音淸擧而切詣，失在浮淺；北方山川深厚，其音沈濁而鈋鈍，得其質直。」又經典釋文叙錄云：「方言差別固自不同，河北江南最爲鉅異：或失在浮淸，或滯於沈濁」。兩家之言，並可與法言所論相互發明。所謂「秦隴去聲爲入，梁益平聲似去」者，勞乃宣等韵一得外篇云：「此蓋以異方之人聽之耳，使其本方人聽之，必不爾也。彼方之去似此方之入，則彼必別有其入，且謂此方之入似其去；彼方之平似此方之去，則彼必別有其去，且謂此方之去似其平。以一方之音言之，必自成其一方之平上去入，無稍繆戾者。故四聲之辨，可各以方音求之。其音不必强同，其理自無不同也。」此說精切，深得法言微旨。試以現代方音證之：例如，北平讀陰平「衣」字爲高平調，關中人聞之必謂與其去聲「意」字相近，其實平音讀「意」字爲高降調適與

(26) 中國語言字調的實驗研究法，科學七卷九期。

秦音上聲「椅」字相近，且可謂秦音之去聲似其平，上聲似其去也。又北平讀陰平「天」字爲高平調，天津人聞之必謂與其陽平「田」字相近，其實平音讀「田」字爲中升調，適與津音上聲「忝」字近似，且可謂津音之陽平似其陰平，上聲似其陽平也。諸如此類，不勝備舉。然則各方言之調類雖自成系統，而方言間之調值則參差不齊，若以一地之調值強律他方之四聲，徒見其離齟難諧而已！此聲調不易辨識之因一也。

又孫愐唐韻序後論云：「切韻者，本乎四聲，引字調音，各自有清濁。」是清濁各有四聲，由來已久。然清濁聲何時演變爲陰陽調，則文獻無徵，未可臆斷。惟周德清中原音韻自序云：「字別陰陽者，陰陽字平聲有之，上去俱無。上去各止一聲，平聲獨有二聲。有上平聲，有下平聲：上平聲非指一東至二十八山而言，下平聲非指一先至二十七咸而言。前輩爲廣韻平聲多分爲上下卷，非分其音也。殊不知平聲字字俱有上平下平之分，但有有音無字之別，非一東至山皆上平，一先至咸皆下平聲也。如東紅二字之類，東字下平聲屬陰，紅字上平聲屬陽，陰者卽下平聲，陽者卽

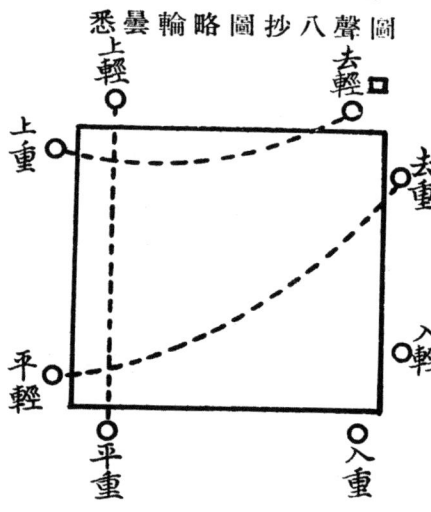

悉曇輪略圖抄八聲圖

上平聲。試以東字調平仄，又以紅字調平仄，便可知平聲陰陽字音，又可知上去二聲各止一聲俱無陰陽之別矣。」又日本沙門了尊撰悉曇輪略圖抄卷一論八聲事云：「右先明四聲輕重者，私頌云：平聲重初後俱低，平聲輕初昂後低；上聲重初低後昂，上聲輕初後俱昂；去聲重初低後偃，去聲輕初昂後偃；入聲重初後俱低，入聲輕初後俱昂。……四聲各輕重八聲。……四聲一音低昂名平上，低昂互前後成八：是故八音各相通。」(27) 周韻成於元泰定元年甲子（西元一三二四），圖抄寫於日本貞和二年，與元順帝至正六年丙戌（西元一三四五）相當，則平聲之分陰陽與夫四聲之演化為八聲，至晚亦當實現於元朝末葉也。降至明世，范善溱中州全韻及王鵕中州音韻輯要平去兩聲遂各分陰陽，而周昂增訂中州全韻更於陽平陽去之外分立陽上，於是八聲系統乃漸臻完備。然四聲之分化在方言中約有三途：其一，清濁聲與陰陽調並存，吳語是也；其二，平仄皆分陰陽而聲母之清濁不辨，閩粵客家是也；其三，全濁聲母平聲變同次清而聲調之陰陽尚分，仄聲變同全清而聲調之陰陽亦混，「官話」是也。以故方言調類至為參差。今就所知方言二十四種列為下表，以明古今調類分合之迹：

---

(27) 大正新修藏第二七〇九，高野山遍照光院藏貞和二年寫本。

第八表　　古今調類分合異同表

方言＼古聲母古調類今調類	清 平	濁 平	清 上	次濁 上	全濁 去	濁 去	清 去	清 入	濁 入
廣　州	陰平	陽平	陰上	陽上	陽去		陰去	上陰入 中陰入	陽入
上海 溫州	陰平	陽平	陰上	陽上		陽去	陰去	陰入	陽入
汕　頭	陰平	陽平	上		陽去	去	陰去	陰入	陽入
廈門 福州	陰平	陽平	上			陽去	陰去	陰入	陽入
臨　川	陰平	陽平	上			陽去	陰去	陰入	陽入
蘇　州	陰平	陽平	上			陽去	陰去	陰入	陽入
休寧城內	陰平	陽平	陰上	陽上	陽去	變陽平		陰入	陽入
休寧藍田	陰平	陽平	上	變陽平	陽去		陰去	陰入	陽入
客　家	陰平	陽平	上	1		去		陰入	2 陽入
欽　縣	陰平	陽平	上		陽去		陰去	陰入	變陽去
績　溪	陰平	陽平	上			陽去	陰去	入	
婺　源	陰平	陽平	陰上	陽上	陽去		陰去	（變陽去）	
祁　門	陰平	陽平	上			陽去	陰去	入	變陽去
黟　縣	陰平	陽平	上		變陰入	去		入	變陰平
南京、揚州	陰平	陽平	上			去		入	
獲　鹿	陰平	陽平	上			去		入	
漢口、四川	陰平	陽平	上			去		（變陽平）	
分　宜	陰平	陽平	上		去		變陽平	（變陰平）	
咸　陽	陰平	陽平	上			去		清聲及次濁陰平 全濁變陽平	
北　平	陰平	陽平	上			去		全清全濁變陽平 次清次濁變去聲	

(1) 客家話古全濁上聲文言變去聲，白話變陰平；古次濁上聲亦有一部分變陰平。
(2) 客家話古次濁入聲一部分變陰入。

觀上表所列，平去二聲尚較整齊，上入二聲殊爲紛錯。釋其演變所由，要皆繫於聲母。蓋古四聲既因清濁而分陰陽，濁上復以「全濁」「次濁」之異而分入陽去，陰上兩類；至於入聲演變，尤須於聲母類別尋其條理也。全濁上聲之演變，自唐時既已發生。李涪刊誤嘗訛切韻曰：「吳音乖舛，不亦甚乎？上聲爲去，去聲爲上：……恨怨之恨則在去聲，很戾之很則在上聲；又言辯之辯則在上聲，冠弁之弁則在去聲；又舅甥之舅則在上聲，故舊之舊則在去聲；又皓白之皓則在上聲，號令之號則如去聲；又以恐字恨字俱去聲：今士君子於上聲呼恨，去聲呼恐，得不爲有識之所笑乎？……凡中華音切莫過東都，蓋居天下之中，稟氣特正，予嘗以其音證之，必大哂而異焉。……予今別白上去，各歸本音；詳較輕重，以符古義：理盡於此，豈無知音！」今案廣韻「很」胡懇切，匣母很韻，「辯」符蹇切，並母獮韻，「舅」其九切，羣母有韻，「皓」胡老切，匣母皓韻，皆屬全濁上聲；而「恨」胡艮切，匣母恨韻，「弁」皮變切，並母線韻，「舊」其救切，羣母宥韻，「號」胡到切，匣母號韻，皆屬全濁去聲：李涪既以切韻所分爲非，則在其方音中必已不分全濁上去也。據陸游渭南集刊誤跋云：「王行瑜作亂，宗正卿李涪盛陳其忠，謂必悔過。及行瑜傳首京師，涪亦放死嶺南」。案王行瑜傳首京師，事在唐昭宗乾寧二年（西元八九五）十一月，刊誤之成必當早於是年，則陸法言切韻成書（隋仁壽元年，西元六〇一年）後未滿三百年即已有人不辨全濁上去，復何怪張麟之韻鏡序例謂：「逐韻上聲濁位並當呼爲去聲」耶？迨及清季，周贇能辨六聲，遽自矜爲獨得胸

臆，窮妙入神，欲與其家彥倫之分四聲，挺齋之分五聲，先後媲美，(28) 亦足覘舉世茫昧，難覓解人矣！夫調類演變既如是悠久，其分合復如是紛歧，若囿於一地方音，不審異同之故，烏能心知其意，口擬其聲？此聲調不易辨識之因二也。

4.6 辨識聲調之方法

然則辨識聲調之法將若何？曰：宜分辨「類」與辨「值」兩端言之：

韻書之根據在反切，韻書之規模在四聲，自陸法言切韻以迄佩文齋詩韻無不以平上去入為分類之標準。故調值及陰陽雖因方言互殊，而四聲之系統悉與韻書相應。儻能時常披覽韻書，佐以廣韻通檢，初學檢韻及四聲易知錄諸索引，則於辨識調類當不至過感困難。且江永音學辨微曰：「前人以宮商角徵羽五字狀五音之大小高下，後人以平上去入四字狀四聲之陰陽流轉，皆隨類偶舉一字。知其意者，易以他字，各依四聲之次，未嘗不可。梁武帝問周捨曰：『何謂平上去入？』對曰：『天子聖哲是也』。可謂敏捷而切當矣。『天子聖哲』又可曰『王道正直』，學者從此隅反」。案舊唐書楊綰傳，「綰生聰惠，嘗夜宴，親賓各舉坐中物以四聲呼之。諸賓未言，綰應聲曰燈盞柄曲。眾咸異之。」此亦與「天子聖哲」例同。其後王鑒作四聲纂句即仿「天子聖哲」「燈盞柄曲」之例，纂輯四聲成語以便初學。例如：

| 風灑露沐 | 民喜歲熟 | 為善最樂 | 鄉里歎伏 |
| 歙滿器覆 | 詒子燕翼 | 文武是式 | 先本後末 |

(28) 參閱山門新語卷一，周氏琴律切音序及六聲圖說。

中 國 音 韻 學 導 論

河海靜謐	涇以渭濁	情好甚篤	杯酒自適
兄弟旣翕	情感意浹	蘭槳桂楫	輕艇坐盍(29)

又趙元任於北平之陰陽上去四聲，亦擬有成語三十六句，其文爲：

中華語調	高揚起降	開門請坐	分別長幼
三民主義	深謀遠慮	災情很重	要求免稅
修橋補路	生財有道	諸承指敎	非常感謝
說完好話	偏來打岔	張王李趙	專門搗亂
葷油炒肉	偸嘗兩塊	酸甜苦辣	希奇古怪
鷄鳴狗盜	飛簷走壁	七俠五義	靑龍寶劍
三國演義	英雄好漢	參拿椅坐	缺乏筆墨
偏旁寫錯	斯文掃地	登樓遠望	天晴雨過
山明水秀	非常好看	陰陽上去	諸如此類 (30)

學者熟誦而涵詠之，均有助於辨識調類也。

　　陰陽之辨較四聲爲難。吳瞿安先生曰：「韵之陰陽，在平聲入聲至易辨別，所難者上去二聲耳。上聲之陽類乎去聲，而去聲之陰又類乎上聲，此周挺齋中原音韵但分平聲陰陽，不及上去者，蓋亦畏其難也。迨後明范善溱撰中州全韻，淸初王鵕撰音韻輯要，始將上去二聲分別陰陽，而度曲家乃有所準繩矣。」(31)

（29）參閱朐邑劉振淸所刊之靑照堂叢書第三編。

（30）新國語留聲機片課本頁 7, 8.

（31）顧曲麈談卷上頁二十四。

此猶就操吳語者言也，若生爲北人，則除平聲外皆不辨陰陽，度曲倚聲，鮮不個規越矩。且四聲悉分陰陽，實自清周昂之重訂中州全韻始，(32) 范善溱王鷜二家只能分辨平去入之陰陽而已。倘使廣州上海溫州以外之人而欲辨識仄聲之陰陽，則除依據周昂之書，惟有借鏡於古聲母之清濁，捨是以求，殆無捷訣也。

以平聲對上去入言則謂之「平」「仄」，以平上去對入聲言則謂之「舒」「促」。平仄易辨而舒促常混，蓋入聲之尾音在官話區域已多數消失，且依聲母之類別而分化於其他三聲。據亡友白滌洲北音入聲演變考云：六百年來北音入聲之演變，第一期爲全濁讀陽平，次濁讀去聲，清紐讀上聲；第二期全濁次濁仍舊，清紐依送氣不送氣或擦聲之關係，改讀陽平與去聲，間有仍讀上聲者乃歷史之遺跡；第三期仍與第二期同，惟此後之變化恐漸演成完全不規則。(33) 故北人欲調平仄，宜先認清入聲，始可避免「失黏」之弊。

自中原音韻始分五聲，作者相沿，每異標目：桑紹良文韻考裹六聲會編分「浮平，沈平．上仄，去仄，淺入，深入」六聲，林本裕聲位分「開，承，轉，縱，合」五聲；至於「陰平」「陽平」兩類，則金尼閣西儒耳目資謂之「清，濁」，方以智切韵聲原謂之「噇，噇」，馬自援之等音謂之「平，全」，樊騰鳳之五方元音謂之「上平，下平」：其名雖異，其實則同。今對照列表，以免眩惑：

---

(32) 有此宜閣刻本，二十二卷。
(33) 女師大學術季刊第二卷第二期。

— 64 —

第九表　　五聲異名表

調名＼分類	周德清之四聲	桑紹良之六聲	金尼閣之五聲	方以智之五聲	馬自援之五聲	林本裕之五聲	獎騰鳳之五聲
陰平	陰平	浮平	清	嘡	平	開	上平
陽平	陽平	沈平	濁	噹	全	承	下平
上	上	上仄	上	上	上	轉	上
去	去	去仄	去	去	去	縱	去
入	全濁讀陽平 次濁讀去聲 清紐讀上聲	淺入 深入	入	入	入	合	入

綜上所論，可知辨四聲應以廣韻為準，辨八聲應以重訂中州全韻為準，若更纂句以資嫻習，分紐以免混淆，尤有裨於審辨調類也。然審辨調值之難，固有倍蓰於此者。

審辨調值有實驗與耳聽兩法：用浪紋計（Kymograph）記錄聲調浪紋於烟薰紙，然後以劉復擬製之「乙一聲調推斷尺」（Liugraph）或「乙二聲調推斷尺」（A pocket tone-graph）測定其音高曲線（pitch curve）者，是為實驗法；(34) 經過相當之

---

(34) 參閱四聲實驗錄及「聲調之推斷及聲調推斷尺之製造」（史語集刊一本二分）與「乙二聲調推斷尺」（史語集刊四本四分）

聽音訓練後，但借漸變音高管（Sliding pitch-pipe）之輔助，即可由耳聽以估定聲調之高低抑揚者，是爲耳聽法。(35) 劉復之四聲實驗錄應用前法作成，趙元任之現代吳語的研究中關於聲調部分則用後法作成，持術雖殊，而有貢獻於中國音韵學則一也。趙氏爲初學辨調之便利，又擬有「字母式聲調符號」（tone letters）一種。其法以豎標代表高低，以橫標代表長短及曲直抑揚。每一豎標分爲五度，以自5至1之數碼稱之。平直而長者示以相同之兩數，短者示以單數；上揚者兩數先小而後大，下抑者兩數先大而後小，均以兩數下有無橫線相連爲短長之分別；至於曲折之聲調則以三數表之，其數碼大小當以起落之高低及抑揚之先後爲斷。茲錄其基本調符三十種以資隅反：(36)

˩	11:	ʌ	131:	˩	1:
˧	13:	ʌ	153:	˧	2:
˦	15:	ʌ	242:	˧	23:
˨	22:	ʋ	313:	˧	3:
˦	24:	ʋ	315:	˧	43:
˩	31:	ʌ	351:	˧	4:
˧	33:	ʌ	353:	˥	5:
˧	35:	ʋ	424:		
˨	42:	ʋ	513:		
˦	44:	ʋ	535:		
˩	51:				
˧	53:				
˥	55:				

(35) 現代吳語的研究頁3, 4; 73—75.
(36) *Le Maitre Phonétique*, Troisiéme Série, No. 30, pp. 24—27.

關於調值之精密研究，屬於語音學範圍。治音韻學者如欲明瞭聲調之性質，則宜自省察己身所操方言之調類與調值始。凡已能辨識調類者，但取各類之例字反復誦讀，體味其高低抑揚，即可略辨調值之型式而識以調符。如其調類分合尚待判定，則須先就下列辨調例字表（參閱第十表）依次誦讀確定其大類，然後審辨其調值，識以調符；欲求精密，更須參用實驗法以勘究其同異。例如，北平語讀次濁上聲「五女惹老暖買武有」等字與清母上聲「古展口丑好手」等字調值相同，讀全濁上聲「近柱市坐蟹社似婦」等字與清母去聲「蓋帳正醉怕唱放送」及濁母去聲「共助備飯大謝望用」聲調均同，則知北平陽上分化為陰上及去聲且去聲亦不能分別陰陽也。又讀入聲「急竹得職即識福責局宅食雜讀白合舌俗服」等字與陽平無別，讀「敕黑各百郤徹額聶入六納麥物藥」等與去聲無別，而「一出七禿惜接搭約切拍歇說削」與「筆箚曲匹尺鐵法」等又分別變入陰平及上聲兩類，是北平聲調已無舒促之分，入聲又因聲母之差異而演變為平上去三聲也。倘使廣州人讀此表，則非特八類均能辨別，且可自陰入中分出「各箚責接搭百約却徹尺切鐵拍歇說削法」等別立「中入」一類。繁簡懸殊，從可概見。學者苟能確認自己所操方言之調值，然後推己及人，由近而遠，以衡量一切方言之調值，庶不致十分訛誤矣。今舉中國方言內最簡單之平語四聲及最複雜之粵語九聲示例，以為本節之殿：

中國音韻學導論

第十表　　辨調例字表 (37)

陰平	剛知專尊丁邊安 開超初粗天偏 蒿　商三　飛 　　（拉媽）	陽去	共陣助暫大備 害　樹謝　飯 岸釀閏漏怒帽望用
陽平	窮陳牀才唐平 寒　時詳　扶 鵝娘人龍難麻文雲	陰入	急竹職即得筆一 曲救出七禿匹 黑　識惜　福 各箭責接搭百約 卻徹尺切鐵拍 歇　說削　法
陰上	古展紙走短比襖 口丑楚艸體普 好　手死　粉		
陽上	五女惹老暖買武有 近柱市坐斷倍 蟹　社似　婦	陽入	局宅食雜讀白 合　舌俗　服 額聶入六納麥物藥
陰去	蓋帳正醉對變愛 亢趁唱菜　怕 漢　世迓　放		

(37) 歷史語言研究所方言調查表格 252, 頁 2.

中國音韻學導論

第十一表　平粵調值異同表 (38)

調　類	陰平	陽平	陰上	陽上	陰去	陽去	上陰入	中陰入	陽入
調類符號	ˈ口	ˌ口	ˈ口	ˌ口	口ˈ	口²	口ˈ		口²
例　字	衣	移	椅	矣	意	異	一	謁	亦
粵語九聲	˧	˩	˧	˩	˨	˨	˥	˧	˨
平語四聲	˥	˩	V		V	全清全濁 ˥ 例外 ˩ 或 V	次清次濁		

(38) 節錄趙元任方言調值異同表。

第五講　漢字標音方法之演進
5·1 漢字音之結構

　　欲明漢字標音方法之演進，當先知漢字音結構之方式。本編第一講云：「構成漢字之音素曰聲，曰韻，曰調：聲者專指字首之輔音；韻者彙賅介音元音及尾音；調者則謂全字之高低或升降」。關於聲韻調之分析，上文業已明之，漢字音之結構，要不外此諸元素之錯綜配合而已。近人唐鉞分漢字音素爲「起」、「舒」、「縱」、「收」四種 (1)，劉復則分爲「頭」，「頸」「腹」，「尾」，「神」五種 (2)，一不賅調言；一賅調言，餘則異名同實耳。茲與本編名稱對列如下：

唐氏定名	起	舒	縱	收	
劉氏定名	頭	頸	腹	尾	神
本編定名	聲母	介音	元音	韻尾	聲調

試用劉氏所定之名稱，據切韻擬音以類別漢字音結構之方式，則有頭頸腹尾神俱備者，如：

忠 $_ctiuŋ$	錦 ^ckiəm
廣 $^ckuaŋ$	帆 $_cbʻiwɐm$
尊 $_ctsuən$	杯 $_cpuɑi$
天 $_ctʻien$	逝 $ʑĭɛi^2$

（１）見國故新探初印本。
（２）北平音析數表，見國學季刊第三卷第三號。案劉氏原以發音部位相同之一聲組爲「頭」，以每聲母爲「面」，今爲省文計，合「頭」「面」爲一，而以「頭」標之。

牛	₋ŋĭəu	術	dz'ĭuĕt₂
廟	mĭɛu²	必	pĭet₂
福	pĭuk₂	接	tsĭep₂
狄	d'iek₂	法	pĭwɐp₂

有缺頭者，如：

融	₋ĭuŋ	耀	ĭɛu²
蠅	₋ĭəŋ	育	ĭuk₂
尹	⁻ĭuĕn	翼	ĭək₂
延	₋ĭɛn	聿	ĭuĕt₂
淫	₋ĭĕm	悅	ĭuɑt₂
艷	ĭɛm²	熠	ĭəi₂
曳	ĭɛi²	葉	ĭɛp₂
由	₋ĭəu		

有缺頸者，如：

公	₋kuŋ	頭	₋d'əu
耕	₋kæŋ	刀	₋tɑu
丹	₋tɑn	穀	kuk₂
山	₋ʂɑn	德	tək₂
蠶	₋dz'ɑm	割	kɑt₂
藍	₋lɑm	八	pɑt₂
猜	₋ts'ɑi	雜	dz'ɑp₂
蟹	γ'ai²	盍	γɑp₂

有缺尾者，如：

　　果　ᶜkuɑ　　　　魚　₌ŋĭo
　　蔗　tɕĭaᶜ　　　　芋　ɣĭuᵌ
　　瓜　ᶜkua　　　　兔　ᶜtʻuo

有祇具頭腹神者，如：

　　我　ŋɑˀ　　　　飢　ᶜki
　　歌　ᶜkɑ　　　　脂　ᶜtɕi
　　假　ᶜka　　　　茲　ᶜtsɿ
　　牙　ŋaˀ　　　　思　ᶜsɿ

有祇具頸腹神者，如：

　　惟　₌wi　　　　夜　ĭaᵌ

有祇具腹神者，如：

　　夷　₌i　　　　怡　₌i
　　肆　iᵌ　　　　以　ᶜi

　　就以上七式觀察，可知惟"腹"與"神"爲構成漢字音必不可少之成素；又第一第四兩式絕無開口呼，第三式絕無齊合撮呼，第二第六第七三式祇限喻紐四等，第五式惟有歌麻脂之四韻：字音結構，變化雖繁，絜其綱維，要不能軼此七式之外也。

　　準此七式，以衡漢字之標音方術，則反切下字惟第二第六第七三式可免聲母爲礙，反切上字各式均有韻母作梗。然喻紐旣非各韻所俱備，存聲去韻，又爲漢字所絕無，故反切方法雖迭經改良，而終不免演進爲注音符號者，固勢所必至也。茲就往迹以明之。

5.2 反切以前之標音法

　　鄭樵通志七音略論華梵下云:「梵人長於音所得從聞入;華人長於文所得從見入」。故漢字體系本屬「意標」,而非「音標」,宜於目治而不宜於耳治。當造字之始,諧聲假借蓋皆象音,先有「工」「可」「公」「白」之名,乃有「江」「河」「松」「柏」之字;先有「車渠」「夫容」之聲,乃有「璕璖」「芙蓉」之形。其後「飛禽安鳥,水族著魚」,形聲相益,孳乳寖多。溯其原始,實不外乎「依聲託事」而已。廖平嘗謂:「象聲叚借一也:加偏旁為象聲,不加偏旁為叚借。取象聲而去偏旁便是叚借,取叚借而加偏旁便為象聲」。(3) 按諸事實,其言不為無見。然諧聲假借只居六書之二,其他各類仍難據形知音,而聲音遞變,古今不同,所諧所借者,亦難盡協脣吻。彌補其弊,乃有「譬況發音」,「讀若」,「直音」之法。

（甲）譬況發音

　　顏氏家訓音辭篇云:「鄭玄注六經,高誘解呂覽,淮南,許慎造說文,劉熙製釋名,始有譬況假借以證字音耳。而古語與今殊別,其間輕重清濁猶未可曉。加以外言,內言,急言,徐言,讀若之類,益使人疑」。今就諸家音注求之,有以「急氣」「緩氣」譬況者,例如:

　　淮南子地形訓:「其地宜黍,多旄犀」。高注:「旄讀綢繆

（3）六書舊義頁五。

之繆,急氣言乃得之」。

  脩務訓:「啳睽哆噅」,注:「啳讀權衡之權,急氣言之」。

  俶眞訓:「牛蹄之涔」,注:「涔讀延祜曷問,急氣閉口言也」。

 呂氏春秋愼行篇:「崔杼之子相與私閧」,注:「閧讀近鴻,緩氣言之」。

有以「長言」「短言」譬況者,例如:

 公羊莊公二十八年傳曰:「春秋伐者爲客,伐者爲主」。何休注於伐者爲客下曰:「伐人者爲客,讀伐長言之,齊人語也」;於伐者爲主下曰:「見伐者爲主,讀伐短言之,齊人語也」。

有以「籠口」「閉口」「橫口」「踧口」譬況者,例如:

 淮南子地形訓:「黑色主腎,其人惷愚」。注:「惷讀人謂惷然無知之惷也,籠口言乃得」。

 俶眞訓:「牛蹄之涔」,注:「涔讀延祜曷問,急氣閉口言也」。

 釋名釋天:「風豫司兗冀橫口合脣言之,風氾也;青徐言風,踧口開脣推氣言之,風放也」。

有以「舌頭」「舌腹」譬況者,例如:

 釋名釋天:「天,豫司兗冀以舌腹言之,天顯也;青徐以舌頭言之,天坦也」。

或指聲位之前後,或指韻勢之侈弇,或指調之長短,或指尾之閉

開，得其彷彿，益使人疑。以此注音，殆難望其精切矣。

（乙）讀若

顧炎武音論云：「漢時人未有反切，故於字之難知者多注云讀若，趙宧光說文長箋凡例云：古無音切之法，音聲之道無邊，而同音者甚少，故許氏但有讀若，若者猶言相似而已，可口傳而不可筆傳也」。(4) 關於說文中之讀若，清代洪頤煊金毂元張行孚王詠霓桑宣陶有銘葉德輝及近人方勇劉秀生等均有釋例或疏證；而漢人經註中所謂「聲近」「聲同」「讀如」「讀若」「讀與某同」之類，段玉裁俞樾等亦有所考證。然讀若於釋音之外，或訓其義（如桑讀若春麥爲䕩之䕩），或通其字「如胅讀與跌同），而釋其音者亦有本聲（如胅決省聲讀決水之決）轉聲（如崙從侖聲讀若戾）之異，有漢音唐音之殊（趙宧光說文長箋云：本文讀若與徐氏切韻不合者，漢唐音稍變）。葉德輝云：「說文九千餘字，部首字大都有讀無聲，屬從字則有聲亦有讀，聲有定，讀無定，古音與今音不同，舌頭與舌腹各別，皆讀之無定故也。此其弊何也？讀者傳之以口，清濁輕重，古簡今繁，一齊傳而衆楚咻，雖起倉頡造字之聖復生，無由整齊而畫一也」。(5) 準是以言，讀若之不適於標音甚固顯然矣。

（丙）直音

以一字比況作音謂之「直音」。李鄴切韻考云：「今人直音

（4）音論下，頁十一。
（5）六書古微形聲說。

與古人讀若不同：古人讀若取其近似，今人直音非確不可。音各有類，定音必從其類，如本類有音可取，而取別類則非」。就漢字音之結構言，兩字之「頭」「頸」「腹」「尾」「神」各部悉同者始可互相註音。然字形有限而音變無方，故「無同音之字則其法窮，或有同音之字而隱僻難識，則其法又窮」。 (6) 康熙字典心部心字下云：「心唐韻息林切，集韵韻會正韵思林切。按字彙正字通心俱音辛，誤辛在真韻齊齒音也（案齊齒應作抵齶）；心在侵韻閉口音也。如心字去聲音近信然不得竟以信字音之者，蓋信字為真韻內辛字之去聲，乃齊齒音，若侵韻內心字之去聲乃閉口音，有音而無字矣。字有不可下直音者，此類是也」。且末流之弊尚有兩字循環互註，徒增迷惘者，如康熙字典隹部「集，集韻類篇籍入切，並音箿」，竹部「箿、廣韻子立切，集韻籍入切，並音集」；又辵部「遙，餘招切，音謠」，言部「謠，餘昭切，音遙」，若斯之類，與不音何異？故直音雖較譬況讀若略為準確，而終不得不演進為反切者，殆即所謂窮則變，變則通而已。

　　譬況，讀若，直音在標音方術上既各有缺陷，於是「反切」乃代之而興起。

5·3 反切

　　反切者合二字以為一字之音，所以濟直音之窮也。顧炎武音

（6）語本陳澧切韻考卷六。

論云:「禮部韻略曰:『音韻展轉相協謂之反,亦作翻;兩字相摩以成聲韻謂之切』:其實一也,反切之名,自南北朝以上皆謂之反,孫愐唐韻則謂之切,蓋當時諱反字。唐玄度九經字樣序云:『避以反言,但紐四聲,定其音旨』,其卷內之字,『蓋』字下云:『公害翻』,代反以翻;『乂』字下云:『平表紐』,代反以紐,是則反也,翻也,紐也,一也。張參五經文字並不諱反,則知凡此之類,必起於大曆以後矣」。(7) 今案敦煌所發現之唐寫本唐韻概作反而不作切,即宋槧尚書釋文等書,亦尚反與切參用,則唐玄度所言,殆亦一時之避忌而已。

反切剏自何人,說者尚無定論。顏氏家訓音辭篇云:「孫叔然創爾雅音義,是漢末人獨知反語。至於魏世,此事大行,高貴鄉公不解反語,以為怪異」。陸德明經典釋文叙錄云:「古人音書,止為譬況之說,孫炎始為反語,魏朝以降漸繁」。張守節史記正義論例云:「先儒音字,比方為音,至魏秘書孫炎始作反音」。以上三說皆謂反切創自孫炎。然證之故記,尚未悉合。章炳麟曰:「經典釋文序例謂漢人不作音,而王肅周易音則序例無疑辭,所錄肅音用反語者十餘條。尋魏志肅傳云:肅不好鄭氏,時樂安孫叔然授學鄭玄之門人肅集聖證論以譏短玄,叔然駁而釋之』。假令反語始于叔然,子雍豈肯承用其術乎?又尋漢地理志廣漢郡梓潼下,應劭注:『沓水所出,南入墊江,墊音徒浹反』;遼東郡沓氏下,應劭注,『潼水也,音長答反』,是應劭

(7)音論下,頁十。

時已有反語,則起于漢末也」。(8) 據此所論,則東漢之世,已有切語,特由叔然創爾雅音義此事乃大行耳。且古語中合二字以切一詞者爲例至夥,如「終葵」爲「椎」「勃鞮」爲「披」,「不可」爲「叵」,「蒺藜」爲「茨」之類,列舉難終。是古人雖未用切語標音,而於切語原理固已知之審矣。

　　前人之論反切方法者,江永云:反切上一字不論四聲,下一字不論清濁,清濁定於上一字不論下一字也。(9) 陳澧云:「切語之法以二字爲一字之音,上字與所切之字雙聲,下字與所切之字疊韵;上字定其清濁,下字定其平上去入;上字定清濁而不論平上去入,下字定平上去入而不論清濁」。(10) 精密而言,上字旣與所切之字雙聲,則部位音勢皆由之而定,並不限於清濁;下字旣與所切之字疊韻,則開合洪細皆由之而定,並不限於四聲。試就廣韻切語證之,例如:

剛,古郎切,「古」「剛」同屬見紐,牙音,夏類,清聲,其聲母爲 k;「郎」「剛」同屬唐韻,開口,一等,平聲,其韻母爲 $_c$ɑŋ。

柔,耳由切,「耳」「柔」同屬日紐,齒音,揉類,濁聲,其聲母爲 nʑ;「由」「柔」同屬尤韻,開口,三等,平聲,其韻母爲 $_c$iəu。

---

(8) 章炳麟國故論衡上頁十七音理論注。
(9) 參閱音學辨微九論翻切,頁二十二。
(10) 韻切考卷一,頁二。

禍，胡果切，「胡」「禍」同屬匣紐，喉音，拂類，濁聲，其聲母爲 γ；「果」「禍」同屬果韻，合口，一等，上聲，其韵母爲 ua₂。

福，方六切，「方」「福」同屬非紐，脣音，夏類，清聲，其聲母爲 pf，後變 f；「六」「福」同屬屋韻，合口，三等入聲，其韻母爲 iuk₂。

精於審音者，但須辨析上字之紐位音勢，下字之韻呼等調，而後取上字之「頭」，下字之「頸」「腹」「尾」「神」合併連讀，則所切之音無不準確。顧韻書中之切語亦偶有乖牾者，試就廣韻考之，如：

支韻：爲，遠支切，「爲」屬合口三等，「支」屬開口三等，此以開切合者也。

廢韻：刈，魚肺切，「刈」屬開口三等，「肺」屬合口三等，此以合切開者也。

過韻：縛，符臥切，「縛」屬三等，「臥」屬一等，此以洪切細也。

沒韻：麧，下沒切，「麧」本爲痕韻入聲，因本韻只此一紐，故借沒韻作切，此以鄰韻切本韻也。

若此之類，或由用字偶疏，或由無同韻同呼之字，不得不假借他類以作切。至於脣音開合之混亂，尤屬數見不鮮，例如：

陽韻：方，府良切，「方」屬合口，「良」屬開口。

宕韻：謗，補曠切，「謗」屬開口，「曠」屬合口。

緩韻：滿，莫旱切，「滿」屬合口，「旱」在開口旱韻。

先韻：邊，布玄切，「邊」屬開口，「玄」屬合口。
果韻：爸，捕可切，「爸」屬合口，「可」在開口窄韻。
怪韻：拜，博怪切，「拜」屬開口，「怪」屬合口。
此並由聲母之類化使然，更有所謂「類隔切」者，謂舌音端透定泥與知徹澄娘，脣音幫滂並明與非敷奉微交互相切也，例如：

江韻：椿，都江切，　「椿」知紐，「都」端紐。
映韻：牚，他孟切，　「牚」徹紐，「他」透紐。
皆韻：膗，杜懷切，　「膗」澄紐，「杜」定紐。
效韻：橈，奴教切，　「橈」娘紐，「奴」泥紐。
脂韻：悲，府眉切，　「悲」幫紐，「府」非紐。
仙韻：篇，芳連切，　「篇」滂紐，「芳」敷紐。
眞韻：頻，符眞切，　「頻」並紐，「符」奉紐。
清韻：名，武幷切，　「名」明紐，「武」微紐。

此則由古今音變使然也。

等韻攝圖，規模仿自悉曇，故釋子以參禪爲「大悟門」以唱韻爲「小悟門」，展轉相傳，因有「切韻射標」之法。韻鏡序例歸字例云：「歸釋音字，一如檢禮部韻。且如得『芳弓反』，先就十陽韻求『芳』字，知屬脣音次清第三位，却歸一東韻尋下『弓』字，便就脣音次清第三位取之，乃知爲『豐』字。蓋『芳』字是同音之定位，『弓』字是同韵之對映。歸字之訣，大概如是」。李嘉紹切韵射標釋「射標法」云：「經史切脚並以兩字切一字，今以兩字內上一字定標，下一字作箭。假如『德紅切』，『德』字先標，『紅』字作箭，得『東』字法例，先審

『德』字在入聲譜內與『革』字同韻,便在『革』字橫列內尋見,看頂上是『端』字,卽定爲標,旣得『端』字爲標,卽捨卻『德』字不用可也。次審『紅』字在平聲譜內與『公』字同韻,便在『公』字橫列內尋見,卽用爲箭,不須復看頂上何標也。然後將『紅』字箭望本聲內端字標下平衡射去,至標而止,止處恰是『東』字,卽爲所切之音。餘並仿此」。又字母切韻要法切字樣法亦云:「切字之法如箭射標。切脚二字,上字爲標,下字爲箭,出切定音在那母下,定在那母下取字爲之立標,以脚爲箭。定韻尋標,中者便是。亦定四聲:行韻於平聲,定取平聲字;行韻於上聲,定取上聲字;行韻於去聲,定取去聲字;行韻於入聲,定取入聲字。所言平聲者爲之平韻,仄聲者上去入三聲爲之仄韻。如同『佉』字是『康茶切』,出切於岡攝開口正韻溪母下,行韻於迦攝開口正韻溪母下,是牙音屬次清,是平聲爲平韻。此之一字以爲定式,餘者皆同,故云此法是諸書之本,爲衆藝之勝」。三書所論,大致相同。「芳」「德」「康」卽所謂標,「弓」「紅」「茶」卽所謂箭,以箭射標,切音自得。「但將一二韻只隨平聲五音相續橫呼,至於調熟或遇他韵,或仄聲韵,竟能選音讀之,無不中的」。(韵鏡序例橫呼韵)。今叢林僧侶,閭閻學究,猶有嫻習此法者。然以上各例,皆就正則切法言也,至如「慈陵」反「繒」「慈」「繒」在第四位,而「陵」在第三位;「先侯」反「涑」,「侯」「涑」在第一位而「先」在第四位。又有「聲雖去音,字歸上韻」者,如「莫蟹」「奴罪」諸反,則以宋時語音濁上已變去聲,而韻書分類猶相沿未改耳。

凡此諸例，已較「芳弓」反「豐」爲迂曲，若遇難字，則更費周折。韵鏡歸字例云：「凡歸難字，不知正音，即就所屬音四聲內任取一易字橫轉，便得之矣。今如『千竹』反『䟽』字也。若取『嵩』字橫呼，則知平聲次清是爲「樅」字，又以「樅」字呼下入聲，則知『䟽』爲『促』音，但以二冬韻同音處觀之，可見也」。此由「䟽」字難識，故先自同轉平聲內尋得易識之「嵩」字，橫呼至次清位，更就此位縱調四聲，即可呼出「䟽」之音。惟韵鏡第一轉齒音次清平聲第四位有音無字，於是又須借用二冬「樅」字依四聲縱調之。姑無論屋韻三等本不與燭韻完全同音，即就此法本身言，亦未免過於迂曲矣。李氏切韵射標於「正法」之外，亦列有「隔標」，「隔列」，「濁聲」三「活法」：隔標法者，「謂如箭遇端標，覺有乖張，看端標下小字乃是知字，便轉却箭更射知標即中。如『徒減』切『湛』字『芳懷』切『胚』字，『扶甚』切『皮』字，皆此例也」。隔列法者，「謂如箭射某標，覺有乖張，鄰標又無可借，雖有亦欠諦當，直須不出本標，不拘上列下列，隔一隔二，以至五六，諦審其音，一者文義通貫，二者心意安穩，即從其音讀之。如『白伽』切『皤』字，『渠寒』切『乾』字，『許戈』切『靴』字，皆此例也」。濁聲法者，謂「上聲內有十標，標下字盡似去聲，蓋濁音也。若作去聲安箭即差。今除平上入三聲箭少過失外，但去聲箭覺有乖張，即向上聲內覓眞正箭自中。如『多動』切『董』字，『思兆』切『小』字，『奴罪』切『餒』字之類，是也」。今案隔標法即所謂「類隔」，濁聲法即由濁上變去以致牽混，惟隔列法竟可「不

拘上列下列，隔一隔二，乃至五六」，但以「文義通貫」，「心意安穩」為審音之權衡，則未免漫無標準矣。加以古今南北，音變多方，一時一地所傳之譜，難望時過境遷而仍諧，故唱韵射標之法，亦非人人可共喻者也。

由上所論，可知反切原則本與西文拼音同，然在彼則童而習之，數日可通；在此則皓首鑽研，仍難盡喻。推尋其弊，約有三端：反切之用本在連讀二字以成一音，故上一字必有聲而無韻，下一字必有韵而無聲，然後上下相切，其音始能密合。顧有韻無聲者猶有喻紐四等，有聲無韻者漢字絕無其文，以之作切，終嫌扞格：其弊一也。西文拼法，音符簡單，聲韻所需，各有限度。我國自東漢剙製反切以來，作者各不相謀，用字未能畫一。故陸詞纂集切韻，於同紐同韻同等之字，反切用字多異。今考廣韻反切用字，上一字有四百餘，下一字有千餘，合之約一千五百。欲明反切，非先熟記此一千五百字不可：其弊二也。反切之法，亦有韻窄而不可通者，廣韻上聲四十二拯，拯字下云：「無韻切，音蒸上聲」，蓋以本音之外只有庱，丑拯切，殑，其拯切，䐑，色庱切三音，互用則終於莫曉，故不得不變通以濟其窮：其弊三也。

後代各家謀改良反切者，無非欲彌補此種缺陷而已。

5·4 改良反切運動

自明迄清，倡議改良反切者，實不乏人。茲約舉五家，並評其得失如次：

（甲）呂坤交泰韻　是書作於明萬曆三十一年（一六〇三），

今所傳本僅有序文，凡例，總目，尚非完帙，然全書體要則已具括於是。呂氏以爲「反切舊法從等字來，得子聲又尋母聲，得子母又念經堅」，「心力俱費，字纔彷彿」。乃作交泰韻，使「平聲以入子切（如空，酷翁切），入聲以平子切（如酷，空屋切）」上聲必用兩上（如寵楚隴切），去聲必用兩去（如送，素甕切）（交泰韻凡例三，辨子聲）。且上下彙訂「陰」「陽」，不使「子」「母」交錯（如同字舊用徒紅切，通字舊用他紅切，呂氏以爲他紅仍切同字，不切通字，改通字爲他翁切）。（交泰韻，凡例四，辨母字）。自謂：「此韻所切，卽婦人孺子，田夫僕婦，南蠻北狄纔拈一字爲題，徹頭徹尾無不暗合」（交泰韻凡例一，明本旨）。實則反切之法，上字論清濁而不論四聲，下字論四聲而不論清濁。縱謂陰陽是「調」非「聲」，上去亦何須本調作紐？至於交泰韻之名，雖由平入互爲終始之義而定，而以平切入，以入切平，實不能減除切字時之窒礙。且凡例，辨通用條謂：以入叶平「但可借口調聲，不可落筆作韻」，尤屬自亂其例，與人口實。其所革易之新法，方諸舊切，固未能多勝也。
(11)

　　（乙）金尼閣（Nicolas Trigault）西儒耳目資 此書成於明天啓六年（一六二六），爲西人借鏡羅馬拼音以改良中國反切者，其法以「自鳴元音」（即元音 Vowel）五，「同鳴元音」（即輔音 Consonant）二十，展轉相拼，卽可「不期反而反，不

（11）參閱雲南昆華圖書館刻呂子全書本交泰韻。凡例，頁一至三

期切而切,第取二十五字才一因重摩盪,而中國文字之源畢盡於此」。(王徵西儒耳目資序)。較諸等韻門法,實為簡明易通。然其論及漢字反切,猶不免遷就舊法,未能悉符初旨。觀其所謂「字子四品切法」云:

 (1) 本父本母切:例如以「黑」(h)「藥」(iŏ)兩字切「學」(hiŏ)字,「父母相合,不必減首減末,見西字自明」。

 (2) 本父同母切:例如以「黑」(h)「略」(liŏ)兩字切「學」(hiŏ)字,必先減去同母「略」字起首之 l.

 (3) 同父本母切:例如以「下」(hiâ)「藥」(iŏ)兩字切「學」(hiŏ)字,必先減去同父「下」字末尾之 iâ

 (4) 同父同母切:例如以「下」(hiâ)「略」(liŏ)兩字切「學」(hiŏ)字,必須減去同父「下」字末尾之 iâ 及同母「略」字起首之 l. (列音韻譜問答)

此四品中除「本父本母切」可以「不期反而反,不期切而切」外,餘仍不免有窒礙。金氏亦知「用西號切字,如有差一覽非之,無差一覽是之。切法首末宜減或不減,亦一覽知之。……萬字用本父本母之切,無不仿此。蓋用西號常用本父本母可也」。但因「中原母音多半無字,不得已而再用三品切法」(列音韻譜問答):此則遷就漢字之過也。又於所切字起首無「同鳴字父」者,即舊屬影喻兩紐者,別立「字母四品切法」:

 (1) 代父代母切:「字母有二字自鳴,以首字為父,以末字為母;有三字或四字者以首字為父,以餘字為母。但代

父因係自鳴實不是父，故曰代父；後字雖是本母，但因不是本字之母，故曰代母。例如「藥」（iǒ）字以「衣」（i）為代父，以「惡」（ǒ）為代母；埃（iāi）字以「衣」（i）為代父，以「哀」（āi）為代母；「遠」（iuèn）字以「衣」（i）字為代父，以「穩」（uèn）字為代母。

(2) 代父同代母切：例如以「衣」（i）「褐」（hǒ）二字切「藥」（iǒ）字，須減去用代母「褐」字起首之 h。

(3) 同代父代母切：例如以「堯」（iāo）「惡」（ǒ）兩字切「藥」（iǒ）字，須減去同代父「堯」字末尾之 āo。

(4) 同代父同代母切：例如以「堯」（iāo）「褐」（hǒ）兩字切「藥」（iǒ）字，須減去同代父「堯」字末尾之 āo 及同代母「褐」字起首之 h（列音韻譜問答）。

此兩種切法之後三品，所以經過若許「減首減末」之周折者，無非欲使所有切法皆變成「本父本母」或「代父代母」兩品，然後一讀「西號」自然成音而已。故金氏曰：「切法所求本字音也，每字必先有本父有本母之同，如四品，或切子切母之法，常常首與父母，既減所當減，則所剩末與母同，所切中之字豈不同乎？若父同兄弟有一不同，自不能同矣」。（列音韻譜問答）。觀其所定之法雖不及等韻門法之糾纏，而委曲宛轉，「減首減末」，不諳西文拼音者，殆難豁然貫通也。(12)

---

(12) 國立北京大學出版組影印本西儒耳目資譯引首譜頁五十八，六十九；羅常培「耶穌會士在音韻學上的貢獻」見史語集刊第一本第三分，頁 282 至 83。

（丙）楊選杞聲韻同然集　此書作於清順治十六年（一六五九）冬季，平入二聲初稿甫就，上去二聲尚待續成。余所藏稿本，平聲完整，入聲泰半殘缺，韻目前後多參差不洽，殆非楊氏刊定之稿。卷首同然集紀事云：「余成童時見字之有切而疑之。詢之季兄，兄爲舉一二隅以示，三四日恍然有得。間與季兄私論其拗者難者，爰揆度二字以易之。其所切之音，仍與彼同，而反視彼原切較順而易。辛卯（一六五一）糊口舊金吾吳斯翁家，其猶子芸章一日出西儒耳目資以示予。予閱未終卷，頓悟切字有一定之理，因可爲一定之法。爲集胼胝外數章，以存其書之本指，并志予觀書之有得。癸巳（一六五三），李子秩南授滎梅軒，筆墨六載。風雨籌燈之夜，亦未嘗不詳爲辨論。戊戌（一六五八）從李子遊都，李子下第歸，強余成一韻譜。予多病，成而不克終卷。今己亥（一六五九）以特恩制開科目，李子則已迥隔雲泥矣，厲書促成其事。時又以夏秋劇病之後，勉力應之。自己亥仲冬初三日始厥事，至月之末旬平韻尚未成帙。乃置上與去，先求入聲北韻之別於南者，而麗之南韻之下。且爲之以南切北，以上去韻切入聲。至於上去二韻，更俟續成」。其著書緣起具詳於此。書中共分「大韻」二十有五，每韻各別「宏」「中」「細」三聲，都爲七十五韻。所定三十一「字祖」併知徹澄娘於照穿牀泥，併非於敷，與洪武正韻之聲類相合。至所謂「宏」「中」「細」三聲實即「合」「開」「齊撮」之異名而已。楊氏以「宏」「中」「細」三聲分配於三十一字祖及二十五大韻，於是「立爲字父以該聲」，「立爲字母以該韻」。宏聲常用之聲十有五，常用之韻

十有三：因立孤，枯，狂，吾，逋，舖，蒲，模，呼，胡，烏，王，敷，扶，無十五字爲「宏聲之父」；紅，黃，魂，橫，回，懷，胡，禾，華，桓，還，毛，浮十三字爲「宏聲之母」。中聲常用之聲二十有一，常用之韻十九有半，因立庚，坑，瞠，登，鼟，騰，能，茲，雌，慈，斯，詞，薺，差，橙，師，亨，衡，哀，楞，而二十一字爲中聲之父；隆，航，論，痕，衡，而，雷，孩，盧，何，甕，爺，鶯，寒，爛，含，藍，森，豪，侯二十字爲「中聲之母」。細聲音較完備，三十一字祖旣皆有音，二十五大韻，亦惟一韻無字：因立基，欺，奇，宜，低，梯，題，尼，卑，披，皮，迷，齎，妻，齊，西，錫，知，癡，遲，詩，時，希，奚，衣，移，非，肥，微，離，而三十一字爲「細聲之父」；容，王，降，羊，云，寅，盈，移，誰，㧱，挨，俞，㘝，牙，眼，耶，袁，延，閒，鹽，咸，淫，遙，尤二十四字爲「細聲之母」。欲各求其不易之字，以定不易之切。並師西儒耳目資音韻活圖之法，「列字祖字類字母爲一同然總盤，更立宏中細三盤，盤各分天地」，「以便旋轉」。故「字父」，「字母」統計不過一百二十四，而「父母遞相摩盪，則靡音不備」，「聲韻之理，已和盤托出」。較諸治廣韻反切，須熟記上字四百五十二，下字一千一百九十五，猶不免有難有拗者，繁簡難易，誠不可同日而語矣。然楊氏雖力求字父字母有定，以矯舊韻之失，而終不免例外紛出，展轉假借者，則漢字實爲之梗。故宏聲各韵旣定孤韵爲「正父」，孤韵本身則不得不以公韵爲「代父」；孤韵羣喻兩位有音無字，又不得不以「狂」「王」爲「借父」；而公

韵缺疑微兩位，復須借「頑」「文」二字代之。中聲各韻既定贊韵爲「正父」，而貲韻「茲，雌，斯」九字以前無音，無音難以立切，則不得不借庚韵，「以代父作正父」；而庚韵本身及用庚韵不切者，又須另求該韵及歌韻代之。細聲各韻既定甚爲「正父」，甚韵本身及撮口數韻則不得不以京韻及居韻爲「代父」。似此「借」「代」頻仍，爲例已繁，而「字母」用字益爲紛紜無定。宏中二聲字母以用匣聲爲本，而切本字則借影聲、影聲無字則用曉聲；影曉皆無字，「不得已」而來次之，審禪又次之；甚至用並明，用敷奉，則又「不得已中之不得已也」！細聲字母以用喻聲爲本，喻聲無字則用匣聲作喻聲讀；切本母字則用影聲，影聲無字，「不得已」而借審曉二聲作「假如」。「至於通韵無字者更不得不借字鄰韵，以存其彷彿」：是楊氏雖悟切字有一定之理，實未能確立一定之法也。卽金尼閣所定四品切法，亦惟「本父本母切」自然音和，其他各品則須參酌「西號」，「減首減末」始免難拗。楊氏籀讀金書，會心不遠，初欲「字父」分收於孤貲甚三韻，「字母」盡起於匣影喻三聲，俾所作各切，聲後減除韵障，韵後無復聲隔，上下調融，怡然理順。徒以囿於漢字，動輒拘牽，復無「西號」對照，以效金氏「減首減末」之法，於漢字所不能狀者，非勉強假借，乖戾初旨，即譬況擬象，使人默會其意。故全書凡言「假如」者七，言「勉借」者五，言「彷彿」及「不得已」者四，言「勉求」者三，言「勉而又勉」及「無可舉似」者二，言「強借」言「終覺勉然，於心不愜」，言「宛轉旁求」，「宛轉設法」，言「渺茫難辨」，言「實不能出

諸口，惟善悟者默會而得之」，及「不能爲之拈出，恨恨」者各一。按其所論，於聲音之道未嘗不略有所窺，惜爲工具所限，自得於心者終不能宣諸楮墨。嘗自恐其苦心湮沒，「欲更譯以清字及西儒元音字，以俟海內及後世淹雅通敏之士，推而廣之，玫而正之」，而迄未克完成。所餘殘稿，三百年來未隨其人以沒，亦不幸之幸已。(13)

（丁）李光地王蘭生音韻闡微　此書纂輯於清康熙五十四年（一七一五）完成於雍正四年（一七二六），其凡例第一條云：「從來考文之典不外形聲二端，形象存乎點畫，聲音在於翻切。世傳切韻之書，其法繁而取音難，今依本朝字書合聲切法，則用字簡而取音易。如『公』字舊用『古紅切』，今擬『姑翁切』；『巾』字舊用『居銀切』，今擬『基因切』；『牽』字舊用『苦堅切』，今擬『欺煙切』；『蕭』字舊用『蘇彫切』，今擬『西腰切』。蓋反切上一字定母，下一字定韵，今於上一字擇其能生本音者，下一字擇其能生本韵者，緩讀之爲二字，急讀之卽成一音。此法啓自國書十二字頭，括音韵之源流，握翻切之竅妙，簡明易曉，前古所未有也」。據此可知此書所用「合聲」反切之法，蓋由滿文十二字頭所啓發。其論上一字生本音之法云：「凡字之同母者，其韻部雖異，而呼法開合相同，則翻切但換下一字而上一字不換。如『姑翁』切『公』字，『姑威』切『歸』字，『姑彎』切『關』字，『姑汪』切『光』字：此四字皆見母合口

（13）北平羅氏未濟齋藏聲韵同然集原稿；又羅常培「楊選杞聲韵同然集殘稿跋」。見史語集刊第一本第三分，頁339至343.

呼，俱生聲於『姑』字。又如『基因』切『巾』字，『基烟』切『堅』字，『基腰』切『驕』字，『基優』切『鳩』：此四字皆見母齊齒呼，俱生聲於『基』字。由此以推，凡翻切之上一字皆取支微魚虞歌麻數韻中字，辨其等母呼法其音自合，以此數韻能生諸部之音，在國書十二字頭與支微魚虞歌麻數韻對音者，原爲第一部也」。（凡例二）。又論下一字生本韻之法云：「凡字之同韻者其字母雖異，平仄清濁相同，則翻切但換上一字而下一字不換。如『基煙』切『堅』字，『欺煙』切『牽』字，『梯煙』切『天』字，『卑煙』切『邊』字：此四字皆先韻之清聲，俱收聲於『煙』字。又如『奇延』『切』虔』字，『池延』切『纏』字，『彌延』切『綿』字，『齊延』切『錢』字：此四字乃先韻之濁聲，俱收聲於『延』字。由此以推，凡各韻清聲之字皆收聲於本韻之影母，各韻濁聲之字皆收聲於本韻之喻母。蓋影喻二母聲有清濁，乃本韻之喉音。天下之聲皆出於喉而收於喉，故翻切之下一字用影喻二母中字收歸喉音，其聲自合也」（凡例三）。此法果能貫澈誠可矯正舊切窒礙難拗之弊。無如本母本呼之字未必在支微魚虞歌麻數韻中皆可尋得，影喻兩紐亦未必皆見於本韻，如遇「本母本呼在支微魚虞歌麻數韻中無字者，則借仄聲或別部之字以代之，但開齊合撮之類，不使相淆」；遇「本韻影喻兩紐無字者，則借本韻旁近之字以代之，其清母濁母之分，不使或紊」：凡類此之反切皆係以「今用」二字。若借鄰韻影喻兩母中字以協其聲者，則係以「協用」二字；借鄰韻非影喻兩母中字者則係以「借用」二字。其所以於「合聲」之外另立「今用」，

「協用」,「借用」三例者,則以「漢文有音無字者多,又支微魚虞數韻併各韻影喩二母,皆單音之字不能合聲,欲得正音必婉轉以求其相近」而已。今以全書所用切語考之,「合聲」反切,只佔百分之十二強,而「今用」反切則佔百分之六十以上。例外多於原則,足徵其法之不適用矣。(14) 潘耒類音所用反切,略與此法相近,特切語用字尤為隱僻難識耳。

　　(戊) 劉熙載四音定切　此書成於清光緒四年(一八七八),亦自稱其所改良之反切為「合聲法」。其言曰「合聲法切開口字用開口韻,並用開口母;切合口字用合口韻并用合口母;切清聲字不惟母清,韻亦用清,切濁聲字不惟母濁,韻亦用濁。且字母必取字頭,字頭亦名出音,如『蕭』出於『西』,『尤』出於『移』之類。(蕭必作西腰切,尤必作移由切)。取韻必直取收聲之字,如以『翁』字爲韻切『東』字,以『焉』字爲韻切『先』字之類,(東必作都翁切,先必作西焉切)。此合聲法也」。審其原理與音韻闡微者合符節。然於合聲之外,亦有不可避免之變例四項:一曰「切音直韻直母」,謂韻之開合,母之清濁,切不須轉也,如「古烘」切「公」,「苦通」切「倥」之類;二曰「切音轉韻」,謂轉韻之清濁以從母也,如「旣欺」切「基」,「戶公」切「紅」之類;三曰「切音轉母」,謂轉母之開合以從韻也,如「徒了」切「窕」,「鈎須」切「駒」之類;四曰「切音轉母轉韻」,謂轉韻之清濁以從母,轉母之開合以從韻也,如「怡均」切「勻」,「安回」切「隈」之類。此四例者,亦猶音

---

(14) 參閱音韻闡微凡例頁一至四,及李光地榕村韻書王蘭生交河集。

韻闡微之有「今用」,「協用」,「借用」而已。(15)

以上諸家雖各竭其智慮以謀改良反切舊法,徒以漢字本身不適標音,故終不免窒礙難通。觀其所改新法,每顧及切語下字之清濁,此由清濁聲演變為陰陽調後,昧於其理者,認為與平上去入之性質相同耳。江永曰:「後人有嫌其清濁不類,難於轉紐者,下一字必須以清切清,以濁切濁,固為親切,然明者觀之,正不必如此。儻譏前人之切為誤,則不知切法者矣」。(16) 又陳澧嘗評合聲之法云:「切語之法,非連讀二字以成一音也,連續二字以成一音,誠為直捷,然上字必用支魚歌麻諸韻字,下字必用喉音字。支魚歌麻無收音,而喉音直出,其上不收,其下直接,故可相連而成一音,否則中有窒礙不能相連矣。然必拘此法,或所當用者有音無字,或雖有字而隱僻,此亦必窮之術也。而呂新吾交泰韻,潘稼堂類音必欲為之,於是以『甓翁』切『終』字,以『竹确』切『中』,夫字有不譔乃為切語,以『終』『中』易識之字而用『甓』『确』難識之字為切,不亦僨乎?孰若古人但取雙聲疊韻之為坦途哉,(原註:西洋人金尼閣西儒耳目資亦以二字連讀為一音,此則用其本國之法耳。)」(17) 要之陳氏所謂「坦途」,仍不免為上乘說法,而合聲反切之難貫澈,實由漢字本身之缺陷使然。故反切之不得不演進為併音,正猶讀若直音不得不演進為反切也。

(15) 參閱劉融齋四音定切,卷首圖說頁六至八。
(16) 音學辨微頁二十二。
(17) 切韻考卷一頁八。

5·5 注音符號與國語羅馬字

　　以拼音改良反切或代替漢文之運動，肇端於明末盛倡於清季，至民國二年開讀音統一會時乃臻其極。吳稚暉云：「讀音統一會開會的時節，徵集及調查來的音符，有西洋字母的，偏旁的，縮寫的，圖畫的，各種花樣都有，而且都具匠心。或依據經典，依據韵學，依據萬國發音學，依據科學，無非個個想做倉頡，人人自算佉盧，終着意在音字，幾乎也無從軒輊，無從偏採那一種」。(18) 嗣經商榷遞演之結果，乃產生現行國音字母之二式：第一式「注音符號」公布於民國七年（一九一八）十一月二十三日，初名「注音字母」，至十九年四月二十一日經國民黨中央執行委員會議決，始改今名；第二式「國語羅馬字」公布於十七年（一九二八）九月二十六日，與前式並行，以便推廣。其演進史實別詳下編及國音字母演進史中，茲但論其拼法之特點於此。

　　注音符號四十文，皆取筆畫最簡之漢字，而用雙聲疊韵法變讀其原來之字音。如《原音「檜」今讀如「哥」；ㄒ原音「夏」，今讀如「希」；ㄗ原音「節」，今讀如「茲」之類：此聲符用原字之雙聲而變其音讀者也。ㄜ原音「訶」，今讀如「阿」；ㄤ原音「汪」，今讀如「姎」，ㄞ原音「亥」，今讀如「哀」之

（18）參看「三十五年之音符運動」，見商務印書館印行之最近三十五年之中國教育，卷下，頁三十五。

中國音韻學導論

類：此韻符用原字之叠韻而變其音讀者也。(19)

然聲符之名稱與其功用不可混而無別。例如ㄏ之名稱爲喝，而其拼字時之功用只若喘氣所發之聲勢，欲拼喝字全音，仍須另加ㄜ韻。聲勢不能單獨成音，故稱述時呼之爲喝；輔音不宜夾雜韻母，故拼音時但發其勢（如塞字拼作ㄏㄢ，只應讀作[xɑn]，而不讀作[xəɑn]）。注音聲符二十四文之名稱皆於輔音聲勢之下附加元音，而其所加之種類亦不一致：如《ㄅㄫㄏㄉㄊㄌㄋㄅㄆㄇㄈㄏ十三符加ㄜ音，ㄐㄑㄏㄒ四符附加ㄧ音，ㄗㄘㄙㄓㄔㄕㄖ七符附加帀音。但實際拼音時除屬於ㄓ等七符之「資雌私知吃師日」等字可省略帀韻外，其餘遇「哥」，「德」，「撥」等字仍拼爲《ㄜ，ㄉㄜ，ㄅㄜ；遇「基，欺，希」等字仍拼爲ㄐㄧ，ㄑㄧ，ㄒㄧ，並不能省略ㄜ，ㄧ韻母獨立成音也。

韻母本可獨立成音，故韻符十六文皆可不拼聲符，單獨注音，名稱功用無須分別。其中ㄧㄨㄩ三符又可代表「齊齒」，「合口」，「撮口」三呼，故名「介音」。凡冠有介音之韻母謂之「結合韻母」。

四聲符號：陰平不加如ㄚ，陽平作 ˊ 如ㄚˊ，上聲作 ˇ 如ㄚˇ，去聲作 ˋ 如ㄚˋ。

綜上所述，可括注音符號之拼法爲下列五種：

（19）製定注音字母之基本原則爲馬裕藻朱希祖等所提議 原文爲：
「母韻符號取有聲有韻有意義之偏旁（即最簡單之獨體漢字）。作母用取其雙聲，作韻用取其叠韻（用古雙聲叠韻假借法不必讀如本字）。」於民國二年三月十二日以四十五人之出席，得二十九人之贊成，議決通過。參看國音字母演進史頁 79.

(1) 單用聲符者：如以ㄓ，ㄔ，ㄕ，ㄖ注「知，吃，師，日」之類。

(2) 單用韵符者：如以ㄞ，ㄠ，ㄡ，ㄢ注「哀，熬，歐，安」之類。

(3) 用聲符韵符相拼者：如以ㄏㄨ，ㄌㄤ，ㄍㄡ，ㄇㄚ注「虎，狼，狗，馬」之類。

(4) 用結合韵母者，如以丨ㄢ，ㄨㄢ，ㄩㄢ注「煙，灣，淵」之類。

(5) 用聲符與結合韵母相拼者，如以ㄐㄧㄢ，ㄍㄨㄢ，ㄐㄩㄢ注「堅，官，涓」之類。

以上五種，(1)(2)皆以一符注音，(3)(4)皆以二符注音，惟(5)獨用三符。儻能分辨聲符之名稱與功用不同，更詳審上述五種拼法之區別，則見號知音，不費周折，與反切相較，其難易自不可同日而語矣。然注音符號猶有不能代表單純音素之弊：如ㄣ原讀如[ən]，而丨ㄣ則應讀[in]不應讀[iən]，ㄩㄣ則應讀[yn]不應讀[yən]；ㄥ原讀[əŋ]而丨ㄥ則應讀[iŋ]不應讀[iəŋ]。(20) 羅馬字母即可免除斯弊，而以音素為單位，不以聲母韻母為單位。故國音字母於第一式外遂有第二式之誕生。

國語羅馬字之拼法與西文原則相同，稍諳西文綴音者即可就字拼讀不生困難。惟有九點，須加聲明：

(1) 以 b, d, g 代表不送氣清塞聲 [p]，[t]，[k]，（或半濁聲 [ḅ]，[ḍ]，[ĝ]）；以 p, t, k 代表送氣清塞聲 [p']，[t']，[k']。

(20) 參看趙元任新國語留聲機片課本甲種。

(2) 以 j, j(i), dz 代表不送氣清塞擦聲 [tʂ]，[tɕ]，[ts]，以 ch, ch(i), ts 代表送氣清塞擦聲 [tʂʻ][tɕʻ][tsʻ]。

(3) j, ch, sh 在開合呼前讀 [tʂ][tʂʻ][ʂ]，在齊撮口呼前讀 [tɕ][tɕʻ][ɕ]。

(4) r 代表 [ʐ] 音，無滾舌作用。

(5) y 作聲母時代表 [j] 音，作韵母時代表 [ɿ][ʅ] 音。

(6) e 代表 [ə] 音，但在 ie, iue 韵中讀作 [ɛ]。

(7) el 代表注音符號之 ㄦ 韻。

(8) iu 代表 [y] 音。

(9) 分拼聲符之 ㄧㄨㄥ 與不拼音符之 ㄨㄥ 為 -ong, ueng 兩韻。

然其顯著之特徵仍在避免附加符號及「字各有調，以字母注」兩點。舊來流傳之羅馬拼音因附加符號過多（如 pʼ, tʼ, kʼ, ć, ć̣, ü, ṳ, ü̇, ǔ, ï, ĭ, ē, é, ê, êr, êrh, êng, ö, örh, örl, 之類），嘗有「滿臉都是麻子，滿頭都是帽子」之譏。今國語羅馬字皆能避免，此其特點一也。標注聲調之法舊來或加符號，或用數碼，國語羅馬字則以字母表示。其例為：

陰平：(1) 用基本形式，如 hua 花，shan 山，本式包括輕聲，象聲字，助詞，如 ma 嗎，aia 阿呀。

(2) 但聲母為 m, n, l, r, 者加 h, 如 mhau 貓，lha 拉。

陽平：(3) 開口韻在元音後加 r 如 char 茶，torng 同，parnŋ 旁。

(4) 韻母第一字母為 i, u 者改為 y, w, 如 chyn 琴 hwang 黃，yuan 元；但 i, u 兩字母為全韻時改

爲 yi, wu, 如 pyi 皮 hwu 胡 wu 吳。

(5) 聲母爲 m, n, l, r 者用基本形式，如 ren 人，min 民，lian 連。

上聲： (6) 單元音雙寫，如 chii 起，faan 反 eel 耳。

(7) 複韻母首末字母爲 i, u 者改爲 e, o 如 jea 假，goan 管，sheu 許，hae 海，hao 好。但既改頭則不再改尾，如 neau 鳥，goai 拐。

(8) ei, ou, ie, uo, 四韵準第 (6) 條，如 meei 美，koou 口，jiee 解，guoo 果。

去聲： (9) 韵尾爲 -i,-u,-n -ng,-l 或無尾者，各改爲-y,-w, -nn,-nq,-ll, 或-h, 如 tzay 在，yaw 要，bann 半，jenq 正，ell 二，chih 器。

拼成形式之美醜，論者意見雖不一致，而其便於打字，印刷，實爲舊式所不及，此其特點二也。

要之，國音字母之二式爲自然演進之結果，而非人爲之強求。蓋一切文化之演進，其機既動，常有不可遏止之勢。漢字標音方法演進至於反切，已可救濟「直音」「讀若」之窮，及其弊也，亦或有難有拗，非盡人可解。故呂坤金尼閣楊選杞李光地王蘭生潘耒劉熙載等各擬改良舊切之術。徒以「漢文之有音無字者多，欲得正音，必婉轉以求其相近」，終不免存其彷彿，不愜於心。然則反切之必進於拼音實非勢所得已。故就考證音變言，則幸賴讀若直音反切之保存，藉以窺見古今沿革之跡；就範正音讀言，則國音字母之拼音實較舊來諸法爲諧調：此固後出轉精，

不容貴遠賤近者也。茲舉「干」，「堅」，「關」，「涓」四字，列注各式拼法，以覘其異同，藉作本講之結束。至於各式說明，別於各論詳之。

	干	堅	關	涓
廣韻	古寒	古賢	古還	古玄
集韻	居寒	經天	姑還	圭懸
交泰韻	葛安	結姻	刮菴	厥煙
同然集	庚寒	基延	姑桓	居員
音韻闡微	歌安	非煙	姑彎	居淵
四音定切	格安	記煙	古彎	俱淵
標準反切	古寒	居言	古關	居玄
傳音快字	⌒	⌐	ㄖ	⌐
官話字母	ㄎ	ㄐ	ㄍ	ㄐ
章氏紐韻	Ｉ丫	Ｉ辛	Ｉδ	ⅡⅠ辛
注音符號	ㄍㄢ	ㄐㄧㄢ	ㄍㄨㄢ	ㄐㄩㄢ
Wade	kan	chien	kuan	chüan
Matteer	kan	chien	kwan	chüan
BEFEO	kan	kien	kouan	kiuan
Lessing	gan	djiän	guan	djüan
Russian	ганъ	цзянъ	гуанъ	цзюань
Karlgren	kan	tɕiɛn	kuan	tɕyan
國語羅馬字	gan	jian	guan	jiuan

中國音韻學導論

附　錄

唐詩擬音舉例
壹　五言古詩
李白　月下獨酌

花間一壺酒，	₍xwa	₍kạn	ʔĭĕt₎	₍ɣuo	₍tsĭĕu
獨酌無相親，	d'uk	tɕĭak	₍mĭu	₍sĭaŋ	₍ts'ĭĕn
舉杯邀明月，	₍kĭwo	₍puɒi	₍ʔĭɛu	₍mĭaŋ	ŋĭwɐt
對影成三人。	tuɒi₎	₍ʔĭɐŋ	₍ʑĭɛŋ	₍sɑm	ȵʑĭĕn
月既不解飲，	ŋĭwɐt	kĭĕi₎	pĭuɐt	₍kai	ʔĭm₎
影徒隨我身，	₍ʔĭɐŋ	₍d'uo	₍zwiɛ	₍ŋɑ	₍sĭĕn
暫伴月將影，	dz'ɑm₎	b'uɑn₎	ŋĭwɐt	₍tsĭaŋ	₍ʔĭɐŋ
行樂須及春。	₍ɣɐŋ	lɑk	₍sĭu	g'ĭəp	₍tɕ'ĭuĕn
我歌月徘徊，	₍ŋɑ	₍kɑ	ŋĭwɐt	₍b'uɒi	₍ɣuɒi
我舞影零亂，	₍ŋɑ	₍mĭu	₍ʔĭɐŋ	₍liɛŋ	luɑn₎
醒時同交歡，	₍sieŋ	₍ʑi	₍d'uŋ	₍kau	₍xuɑn
醉後各分散，	tswi₎	₍ɣəu	kɑk	₍pĭuən	sɑn₎
永結無情遊，	₍ɣĭwɐŋ	kiet	₍mĭu	₍dz'ĭɛŋ	₍ĭĕu
相期邈雲漢。	₍sĭaŋ	₍g'ïː	mok	₍ɣĭwən	xɑn

杜甫　新安吏

客行新安道，	kʻɐk ₍	₍ɣɐŋ	₍siɛn	₍ʔɑn	ᶜdʻɑu
喧呼聞點兵。	₍xĭwɐn	₍xuo	₍mĭuən	ᶜtiem	₍pĭɐŋ
借問新安吏，	tsĭaᵓ	mĭuənᵓ	₍siɛn	₍ʔɑn	liᵓ
縣小更無丁。	ɣienᵓ	ᶜsĭɛu	kĭɐŋᵓ	₍mĭu	₍tieŋ
府帖昨夜下，	ᶜpĭu	tʻiep	dzʻɑk	ĭaᵓ	ɣaᵓ
次選中男行。	tsʻiᵓ	ᶜsĭwɐn	₍tĭuŋ	₍nɑm	₍ɣɐŋ
中男絕短小，	₍tĭuŋ	₍nɑm	dzʻĭwɐt₍	ᶜtuɑn	ᶜsĭɛu
何以守五城。	₍ɣɑ	ᶜiᵢ	ᶜɕĭəu	ᶜŋuo	₍ʑĭɐŋ
肥男有母送，	bʻĭwĕi	₍nɑm	ᶜɣĭəu	ᶜmĭu	suŋᵓ
瘦男獨伶俜。	₍ɕĭəu	₍nɑm	dʻuk	₍lieŋ	₍pʻieŋ
白水暮東流，	bʻɐk	ᶜɕwiᵓ	muoᵓ	₍tuŋ	₍lĭəu
青山猶哭聲。	₍tsʻieŋ	₍ʂan	₍ĭəu	kʻuk	₍ɕĭɐŋ
莫自使眼枯，	mɑk₍	dzʻiᵓ	ᶜʂii	ᶜŋan	₍kʻuo
收汝淚縱橫。	₍ɕĭəu	ᶜȵźwo	lwiᵓ	₍tsĭwoŋ	₍ɣwɐŋ
眼枯即見骨，	ᶜŋan	₍kʻuo	tsĭək	kienᵓ	kuət₍
天地終無情。	₍tʻien	dʻiᵓ	₍tɕĭuŋ	₍mĭu	₍dzʻĭɐŋ
我軍取相州，	ᶜŋɑ	₍kĭuən	ᶜtsʻĭu	ᶜsĭaŋ	₍tɕĭəu
日夕望其平。	ȵźĭɛt₍	zĭɛk	mĭwaŋᵓ	₍gʻiᵢ	₍bʻĭɐŋ
豈意賊難料，	ᶜkʻĭei	ʔiᵓ	dzʻək	₍nɑn	lieuᵓ
歸軍星散營。	₍kĭwei	₍kĭuən	₍sieŋ	sɑnᵓ	₍ĭwɐŋ
就糧近故壘，	dzʻĭəuᵓ	₍lĭaŋ	ᶜgʻĭən	kuoᵓ	ᶜlwi
練卒依舊京。	lienᵓ	tsĭuət	₍ʔĭei	ᶜgʻĭəu	₍kĭɐŋ

中 國 音 韵 學 導 論

掘壕不到水，	ｇʻi̯uət̚	ˈɣɑu	pi̯uət̚	tɑuˑ	ˈɕwi
牧馬役亦輕。	mi̯uk̚	ˈmɑ	i̯wɛk̚	i̯ɛk̚	ˈkʻi̯ɛŋ
況乃王師順，	xi̯waŋˑ	ˈnɑi	ˈɣi̯waŋ	ˈʂi	dʑʻi̯uĕn
撫養甚分明。	ˈpʻi̯u	ˈi̯aŋ	ˈʑi̯əm	ˈpi̯uən	ˈmi̯ɛŋ
送行勿泣血，	suŋˑ	ˈɣɐŋ	mi̯uət	kʻi̯əp	xiwet
僕射如父兄。	bʻuk̚	i̯aˑ	ˈn̠ʑi̯wo	ˈpʻi̯u	ˈxi̯wɐŋ

高適　登隴

隴頭遠行客，	ˈli̯woŋ	ˈdʻəu	ˈɣi̯wɐn	ˈɣi̯ɐŋ	kʻek
隴上分流水，	ˈli̯woŋ	ʑi̯aŋˑ	ˈpi̯uən	ˈli̯ŭ	ˈɕwi
流水無盡期，	ˈli̯ŭ	ˈɕwi	ˈmi̯u	ˈdzʻi̯ĕn	ˈgʻi:
行人未云已。	ˈɣɐŋ	ˈn̠ʑi̯ĕn	mi̯wĕi	ˈɣi̯uən	ˈi:
淺才通一命，	ˈtsʻi̯ɛn	ˈdzʻɑi	tʻuŋ	ʔi̯ĕt	mi̯ɐŋ
孤劍適萬里，	ˈkuo	ki̯ɛmˑ	ɕi̯ɛk	mi̯wɐnˑ	ˈli:
豈不思故鄉，	ˈkʻi̯ĕi	pi̯uət	ˈsi:	kuoˑ	ˈxi̯aŋ
從來感知己。	ˈdzʻi̯woŋ	ˈlɑi	ˈkɑm	ˈȶi̯ĕ	ˈki:

王維　渭川田家

斜光照墟落，	ˈzi̯a	ˈkwɑŋ	tɕi̯ɛuˑ	ˈki̯wo	lɑk̚
窮巷牛羊歸。	ˈgʻi̯uŋ	ˈɣɔŋˑ	ˈŋi̯ŭ	ˈi̯aŋ	ˈki̯wɐi
野老念牧童，	ˈi̯a	ˈlɑu	niemˑ	mi̯uk	ˈdʻuŋ
倚杖候荊扉。	ˈʔi̯ĕ	ˈdʻi̯aŋ	ɣəuˑ	ˈki̯ɐŋ	ˈpi̯wĕi
雉雊麥苗秀，	ˈdʻi	ˈgʻi̯u	mwæk̚	ˈmi̯ɛu	si̯ŭˑ
蠶眠桑葉稀。	ˈdzʻɑm	ˈmien	ˈsɑŋ	i̯ɛp	ˈxi̯ĕi

— 102 —

中　國　音　韻　學　導　論

田夫荷鋤至，	₍d'ien	₍pĭu	ᶜɣa	dẓ'ĭwo⁼	tɕi⁼
相見語依依。	₍sĭaŋ	kien⁼	ᶜŋĭwo	₍ʔĭĕi	₍ʔĭĕi
卻此羨閑逸	tsĭək,	ᶜts'ĭē	zĭɛn⁼	ɣan₍	ĭĕt,
悵然吟式微。	tĭaŋ⁼	₍nẓĭɛn	₍ŋĭəm	ɕĭək,	₍mĭwĕi

李益　觀回軍

行行上隴頭，	₍ɣɐŋ	₍ɣɐŋ	ᶜzĭaŋ	₍lĭwoŋ	₍d'əu
隴月暗悠悠。	ᶜlĭwoŋ	ŋĭwɐt,	ŋam⁼	₍ĭəu	₍ĭəu
萬里將軍沒，	mĭwɐn⁼	ᶜli:	₍tsĭaŋ	₍kĭuən	muət,
回旌隴戍秋。	₍ɣuɑi	₍tsĭɛŋ	ᶜlĭwoŋ	ɕĭu⁼	₍tsĭə̆u
誰令嗚咽水，	₍ẓwi	lĭɛŋ⁼	ᶜʔou	ʔiet,	ᶜɕwi
重入故營流。	₍d'ĭwoŋ	nẓĭəp,	kuo⁼	₍ĭwɐŋ	₍lĭə̆u

貳　五言律詩

王勃　別薛華

送送多窮路，	suŋ⁼	suŋ⁼	₍tɑ	₍g'ĭuŋ	luo⁼
遑遑獨問津。	₍ɣwɑŋ	₍ɣwɑŋ	d'uk,	mĭuən⁼	₍tsĭĕn
悲涼千里道，	₍pwi	₍lĭaŋ	₍ts'ien	ᶜli:	ᶜd'ɑu
悽斷百年身。	₍ts'iei	tuɑn⁼	pɐk,	₍nien	₍ɕĭĕn
心事同飄泊，	₍sĭəm	dẓ'ĭ:	₍d'uŋ	₍p'ĭɛu	b'ɑk,
生涯共苦辛。	₍ʂɐŋ	₍ŋai	g'ĭwoŋ⁼	ᶜk'uo	₍sĭĕn
無論去與住，	₍mĭu	₍luən	k'ĭwo⁼	ᶜĭwo	ȡ'ĭu⁼
俱是夢中人。	₍kĭu	ᶜʑiĕ	muŋ⁼	₍tĭuŋ	₍nẓĭĕn

— 103 —

李白　送友人

青山橫北郭，	₍tsʻien	₍ʂan	₍ɣwɐŋ	pək₎	kwɑk₎
白水繞東城。	bʻɐk₎	₍ɕwi	·ȵʑi̯ɛu	₍tuŋ	₍ʑi̯ɛŋ
此地一爲別，	₍tsʻiĕ	dʻi·	ʔi̯ĕt	₍ɣwiĕ	pi̯ɛt
孤蓬萬里征。	₍kuo	₍bʻuŋ	mi̯wɐn·	₍li	₍tɕi̯ɛŋ
浮雲游子意，	₍bi̯ĕu	₍ɣi̯uən	₍i̯ĕu	·tsi	i·
落日故人情。	lɑk₎	ȵʑi̯ɛt₎	kuo·	₍ȵʑi̯ɛn	₍dzʻi̯ɛŋ
揮手自茲去，	₍xi̯wɐi	·ɕi̯ĕu	dzʻi·	₍tsi	kʻi̯wo·
蕭蕭班馬鳴。	₍sieu	₍sieu	₍pwan	·ma	₍mi̯ɐŋ

杜甫　天末懷李白

涼風起天末，	₍li̯aŋ	₍pi̯uŋ	·kʻi	₍tʻien	muɑt₎
君子意如何？	₍ki̯uɐn	·tsi	i·	₍ȵʑi̯wo	₍ɣɑ
鴻雁幾時到，	₍ɣuŋ	ŋan·	·kĭĕi	₍ʑi	tɑu·
江湖秋水多。	₍kɔŋ	₍ɣuo	₍tsʻi̯ĕu	·ɕwi	₍tɑ
文章憎命達，	₍mi̯uən	₍tɕi̯aŋ	₍tsəŋ	mi̯ɐŋ·	dʻɑt₎
魑魅喜人過。	₍tʻiĕ	mwi·	·xi·	₍ȵʑi̯ɛn	₍kuɑ
應共冤魂語，	ʔi̯əŋ·	gʻi̯woŋ·	₍ʔi̯wɐn	₍ɣuən	·ŋi̯wo
投詩贈汨羅。	₍dʻəu	₍ɕi	dzʻəŋ·	miek₎	₍lɑ

溫庭筠　商山早行

晨起動征鐸，	₍dʑʻi̯ĕn	·kʻi	·dʻuŋ	₍tɕi̯ɛŋ	dʻɑk₎
客行悲故鄉。	kʻɐk₎	₍ɣaŋ	₍pwi	kuo·	₍xi̯aŋ

雞聲茅店月，	₍kiei	₍ɕĭɛŋ	₍mau	tiem˒	ŋĭwɐt
人迹板橋霜。	ȵʑĭĕn	tsĭɛk	˓pwan	₍gʻĭɛu	₍ʂĭaŋ
槲葉落山路，	ɣuk	ĭəp	lak	₍ʂan	luo˒
枳花明驛牆。	˓tɕĭĕ	₍xwa	₍mĭɐŋ	ĭɛk	₍dzʻĭaŋ
因思杜陵夢，	₍ʔĭĕn	₍si	˓dʻuo	₍lĭĕŋ	muŋ˒
鳧雁滿回塘。	₍bʻĭu	ŋan˒	₍muan	₍ɣuɑi	₍dʻɑŋ

宋之問　途中逢寒食

馬上逢寒食，	˓ma	ʑĭaŋ˒	₍bʻĭwoŋ	ɣɑn	ʥʻĭək
愁中屬暮春。	₍ʤʻĭĕu	₍tĭuŋ	ʑĭwok	muo˒	₍tɕʻĭuĕn
可憐江浦望，	˓kʻa	₍lien	₍kɔŋ	˓pʻuo	˓mĭwaŋ
不見洛陽人。	pĭuət	kien˒	lak	₍ĭaŋ	ȵʑĭĕn
北極懷明主，	pək	gʻĭək	ɣwɐi	₍mĭɐŋ	˓tɕĭu
南溟作逐臣。	₍nɑm	₍mieŋ	tsak	ʥʻĭuk	ȵʑĭĕn
故園腸斷處，	kuo˒	₍ɣĭwɐn	₍ʥʻĭaŋ	tuɑn˒	tɕʻĭwo˒
日夜柳條新。	ȵʑĭĕt	ia˒	˓lĭĕu	₍dʻieu	₍sĭĕn

叁　五言絕句

金昌緒　春怨

打起黃鶯兒，	˓tɐŋ	˓kʻi	₍ɣwaŋ	₍ʔɐŋ	₍ȵʑĭĕ
莫教枝上啼。	mak	₍kau	₍tɕĭĕ	ʑĭaŋ˒	₍dʻiei
啼時驚妾夢，	₍dʻiei	₍ʑi	₍kĭɐŋ	tsʻĭɛp	muŋ˒
不得到遼西。	pĭuət	tək	tau˒	₍lieu	₍siei

劉禹錫　視刀環

常恨言語淺，	⸨ẓĭaŋ	ɣən⸩	⸨ŋĭɐŋ	⸨ŋĭwo	⸨tsʻiɛn
不如人意深。	pĭuət	ȵʑĭwo	ȵʑĭĕn	iː⸩	⸨ɕĭĕm
今朝兩相視，	⸨kĭɐm	⸨ṱĭɐu	⸨lĭaŋː	⸨sĭaŋ	ẓiː⸩
脈脈萬重心。	mwæk	mwæk	mĭwɐn⸩	⸨dʻĭwoŋ	⸨sĭəm

孟郊　古別離

欲別牽郎衣，	ĭwok	pĭɛt	kʻien	⸨lɑŋ	⸨ʔĭəi
郎今到何處。	⸨lɑŋ	⸨kĭəm	tɑuː	⸨ɣɑ	tɕʻĭwoː
不恨歸來遲，	pĭuət⸩	ɣən⸩	⸨kĭwei	⸨lɑi	ɖʻi
莫向臨邛去。	mɑk	xĭaŋː	⸨lĭəm	⸨gʻĭwoŋ	kʻĭwoː

崔顥　長干曲二首

其　一

君家住何處？	⸨kĭuən	⸨ka	ɖʻĭuː	⸨ɣɑ	⸨tɕʻĭwo
妾住在横塘。	tsʻĭɐp⸩	ɖʻĭuː	⸩dzʻɑi	⸨ɣwɐŋ	⸨dʻɑŋ
停舟暫借問，	⸨dʻieŋ	tɕĭəu	dzʻɑmː	tsĭaː	mĭuənː
或恐是同鄉。	ɣwək	⸨kʻĭwoŋ	ẓĭĕː	⸨dʻuŋ	⸨xĭaŋ

其　二

家臨九江水，	⸨ka	⸨lĭəm	kĭĕuː	⸨kɔŋ	⸨ɕwi
來去九江側。	⸨lɑi	kʻĭwoː	kĭĕuː	⸨kɔŋ	tʂĭək
同是長干人，	⸨dʻuŋ	ẓĭĕː	⸨ɖʻĭaŋ	⸨kɑn	⸨ȵʑĭĕn
生小不相識。	⸨ʂɐŋ	sĭɐuː	pĭuət⸩	⸨sĭaŋ	ɕĭək

肆 七言古詩

李白　宣州謝朓樓餞別校書叔雲

棄我去者，　　　　k'i² ⁼ŋɑ k'ĭwo² ⁼tɕĭɑ
昨日之日不可留；　dzʻɑk nʑĭĕt ⁼tɕi: nʑĭĕt pĭuət ⁼k'ɑ ⁼lĭəu
亂我心者，　　　　luɑn² ⁼ŋɑ ⁼sĭəm ⁼tɕĭɑ
今日之日多煩憂！　⁼kĭəm nʑĭĕt ⁼tɕi: nʑĭĕt ⁼tɑ ⁼bĭwɐn ʔĭəu
長風萬里送秋雁，　⁼ɖʻĭaŋ ⁼pĭuŋ mĭwɐn² li: suŋ² ⁼tsʻĭəu ŋɑn²
對此可以酣高樓。　tuɑi² ⁼tsʻĭē ⁼k'ɑ ⁼i: ɣɑm² kɑu ⁼ləu
蓬萊文章建安骨，　⁼bʻuŋ ⁼lɑi ⁼mĭuən ⁼tɕĭaŋ kĭɐn² ʔɑn kuət
中間小謝又清發。　⁼ȶĭuŋ kɑn ⁼sĭɐu zĭɑ² ɣĭəu² ⁼tsʻĭɛŋ pĭwɐt
俱懷逸興壯思飛，　⁼kĭu ⁼ɣwɐi ĭĕt xĭəŋ² dẓʻĭɑŋ² si: pĭwĕi
欲向清天覽明月。　ĭwok xĭɑŋ² ⁼tsʻĭɛŋ t'ien ⁼lɑm ⁼mĭɐŋ ŋĭwɐt
抽刀斷水水更流，　ȶʻĭəu ⁼tɑu tuɑn² ⁼ɕwi ⁼ɕwi kɐŋ² ⁼lĭəu
舉杯消愁愁更愁。　⁼kĭwo ⁼puɑi ⁼sĭɐu dẓʻĭəu dẓʻĭəu kɐŋ² dẓʻĭəu
人生在世不稱意，　⁼nʑĭĕn ⁼ʂɐŋ dzʻɑi² ɕĭɛi² pĭuət tɕʻĭəŋ ʔi:²
明朝散髮弄扁舟。　⁼mĭɐŋ ⁼ȶĭɛu ⁼sɑn pĭwɐt² luŋ² ⁼pien tɕĭəu

李白　怨情

新人如花雖可寵，　⁼sĭen ⁼nʑĭĕn ⁼nʑĭwo ⁼xwɑ ⁼swi ⁼k'ɑ ʈʻĭwoŋ²
故人似玉由來重。　kuo² ⁼nʑĭĕn ²zi ŋĭwok ⁼ĭəu ⁼lɑi ⁼ɖʻĭwoŋ²
花性飄陽不自持，　⁼xwɑ sĭɐŋ² ⁼pʻĭɐu ⁼ĭaŋ pĭuət dzʻi² ⁼ɖʻi:

— 107 —

王心皎潔終不移。 ŋĭwok ₍sĭəm ₍kieu kiet ₍tɕĭuŋ pĭuət₎ ĭĕ
故人昔新今尙故， kuo⁾ ₍n̪ʑĭĕn sĭek ₍sĭən ₍kĭəm ʑĭaŋ⁾ kuo⁾
還見新人有故時。 ₍ɣwan kien⁾ ₍sĭən ₍n̪ʑĭĕn ⁽ɣĭəu kuo⁾ ₍ʑi:
請看陳后黃金屋， ⁽tsʻĭɛŋ ₍kʻan ₍ɖʻĕn ₍ɣəu ₍ɣwaŋ ₍kĭəm ʔuk
寂寂珠簾生網絲。 dzʻiek dzʻiek ₍tɕĭu ₍lĭɛm ₍ʂɐŋ ⁽mĭaŋ ₍si:

杜甫　乾元中寓居同谷縣作歌七首錄二

其　一

有客有客字子美， ⁽ɣĭəu kʻɐk ⁽ɣĭəu kʻɐk dzʻi:⁾ ⁽tsi: ⁽mwi
白頭亂髮垂過耳。 bʻɐk dʻəu luan⁾ pĭwɐt ₍ʑwiĕ ₍kua ⁽n̪ʑi:
歲拾橡栗隨狙公， sĭwei⁾ ʑĭəp⁾ zĭaŋ sĭwok ₍zwiĕ ₍tsʻĭwo ₍kuŋ
天寒日暮山谷裏。 ₍tʻien ₍ɣɑn n̪ʑĭĕt⁾ muo⁾ ₍ʂan kuk ⁽li:
中原無主歸不得， ₍tĭuŋ ŋĭwɐn ₍mĭu ⁽tɕĭu ₍kĭwɐi pĭuət₎ tək₎
手腳凍皴皮肉死。 ⁽ɕĭən kĭak tuŋ⁾ tsʻĭwɐn⁽ bʻĭĕ n̪ʑĭuk ⁽si
嗚呼！一歌兮歌已哀， ₍ʔuo ₍ɣuo ʔĭĕt₎ ₍ka ₍ɣiei ₍ka ⁽i: ₍ʔɒi
悲風爲我從天來！ ₍pwi ₍pĭuŋ ɣwiĕ⁾ ⁽ŋa₎ ₍dzʻĭwoŋ ₍tʻien ₍lɒi

其　二

長鑱長鑱白木柄， ₍ɖʻĭaŋ ₍dzʻam ₍ɖʻĭaŋ ₍dzʻam bʻɐk muk pĭwɐŋ⁾
我生托子以爲命。 ⁽ŋa₎ ₍ʂɐŋ⁽ tʻak ⁽tsi: ⁽i: ₍ɣwiĕ mĭwɐŋ⁾
黃精無苗山雪盛， ₍ɣwaŋ ₍tsĭɛŋ ₍mĭu ₍mĭɛu ₍ʂan sĭwɐt ʑĭɛŋ⁾
短衣數挽不掩脛。 ⁽tuan ₍ʔĭəi sĭu⁾ ⁽mĭwɐn pĭuət₎ ⁽ʔĭɛm ₍ɣien
此時與子空歸來， ⁽tsʻĭĕ ₍ʑi: ⁽i:wo ⁽tsi: ₍kʻuŋ ₍kĭwɐi ₍lɒi

— 108 —

男呻女吟四壁靜。ₑnɑm ˛ɕĭɐn ˈnĭwo ˛ŋĭəm siˀ piek ˈdzʾĭɐŋ
嗚呼！二歌兮歌始放，ˀuo ˛ɣuo nʑiˀ ˛kɑ ˛ɣiei ˛kɑ ˈɕiː pĭwaŋˀ
鄰里爲我色惆悵。ₑlĭɐn ˈliː ɣwiěˀ ˈŋɑ ʂĭək ȡʾĭɐu tʾĭaŋˀ

白居易　賣炭翁

賣炭翁， maiˀ tʾɑnˀ ˀuŋ
伐薪燒炭南山中。bʾĭwɐt ˛sĭĕn ˛ɕĭɛu tʾɑnˀ ˛nɑm ˛ʂan ˛ṯĭuŋ
滿面塵灰煙火色，ˈmuan mĭɐnˀ ȡʾĭĕn ˛xuɒi ˀĭɛn ˈxuɑ ʂĭə̆k
兩鬢蒼蒼十指黑。ˈlĭaŋ piĕnˀ ˛tsʾɑŋ ˛tsʾɑŋ ȡʾĭəp ˈtɕi xək
賣炭得錢何所營？maiˀ tʾɑnˀ tək ˛dzʾĭɛn ˛ɣɑ ˈʂĭwo ˛ĭwɐŋ
身上衣裳口中食。˛ɕĭĕn ˀĭɐŋˀ ˀĭəi ˛ʑĭaŋ ˈkʾəu ˛ṯĭuŋ dzʾĭək
可憐身上衣正單，ˈkʾɑ ˛lĭɛn ˛ɕĭĕn ˀĭɐŋˀ ˀĭəi tɕĭɐŋˀ ˛tɑn
心憂炭賤願天寒。˛sĭəm ˀĭĕu tʾɑnˀ dzʾĭɐnˀ ŋĭwɐnˀ ˛tʾien ˛ɣɑn
夜來城外一尺雪，iaˀ ˛lɑi ˛ʑĭɐŋ ŋuɑiˀ ˀĭĕt tɕʾĭɐk sĭwɐt
曉駕炭車輾冰轍。ˈxieu kɑˀ tʾɑnˀ ˛kʾĭwo ˈnĭɐn pĭəŋ ȡʾĭɐt
牛困人飢日已高，˛ŋĭəu kʾuənˀ ˛nʑĭĕn ˛kĭ nʑĭĕtˀ ˈiː ˛kɑu
市南門外泥中歇。ˈʑiː ˛nɑm ˛muən ŋuɑiˀ ˛niei ˛ṯĭuŋ xĭɐt
兩騎翩翩來是誰？ˈlĭaŋ gʾĭĕˀ ˛pʾĭɐn ˛pʾĭɐn ˛lɑi ˀĭĕˀ ˛ʑwi
黃衣使者白衫兒；˛ɣwaŋ ˀĭəi ʂĭːˀ ˈtɕĭa bʾɐk ˛ʂam nʑĭĕ
手把文書口稱勑。ˈɕĭĕu ˈpa ˛mĭuɐn ˛ɕĭwo ˈkʾəu ˛tɕʾĭɐŋ tʾĭək
迴車叱牛牽向北！˛ɣuɑi ˛kĭwo tɕĭĕtˀ ˛ŋĭəu ˛kʾieu xĭaŋˀ pək
一車炭重千餘斤，ˀĭĕt ˛kʾĭwo tʾɑnˀ ȡʾĭwoŋˀ ˛tsʾĭɐn ˛ĭwo ˛kĭən
宮使驅將惜不得！˛kĭuŋ ˈʂiː ˛kʾĭu ˛tsĭaŋ siɛk pĭuət tək
半匹紅紗一丈綾，puɑnˀ pʾĭĕt ˛ɣuŋ ˛ʂa ˀĭĕt ȡʾĭaŋˀ ˛lĭəŋ
繫向牛頭充炭直。ɣieiˀ xĭaŋˀ ˛ŋĭəu ˛dʾəu ˛tɕʾĭuŋ tʾɑnˀ ȡʾĭək

肆　七言律詩
李白　登金陵鳳凰臺

鳳凰臺上鳳凰遊，	bʻiuŋˊ ˍɣwaŋ dʻɑi ziaŋˋ bʻiuŋˊ ˍɣwaŋ ˍiŏu
鳳去臺空江自流。	bʻiuŋˋ kʻiwoˋ dʻɑi ˍkʻuŋ ˍkɔŋ dzʻiˋ ˍliŏu
吳宮花草埋幽徑，	ˍŋuo ˍkiuŋ ˍxwa ˊtsɑu ˍmai ˍʔiŏu kienˋ
晋代衣冠成古丘。	tsiĕnˋ dʻɑiˋ ʔiĕi ˍkuan ˍẓiəŋ ˊkuo ˍkʻiŏu
三山半落青天外，	ˍsɑm ˍṣan puanˋ lɑk ˍtsʻieŋ ˍtʻien ŋuaiˋ
二水中分白鷺洲。	n̴ẓiˋ ˊɕwi ˍtiuŋ ˍpiuən bʻɐk luoˋ ˍtɕiŏu
總爲浮雲能蔽日，	ˊtsuŋ ɣwiĕˋ ˍbʻiĕu ˍɣiuən ˍnəŋ bʻiɛi n̴ẓiĕt
長安不見使人愁。	ˍdʻiaŋ ʔan piuətˋ kienˋ ṣiˋ n̴ẓiĕn ˍdzʻiŏu

杜甫　秋興八首選二
其　一

聞道長安似奕棋，	ˍmiuən dʻɑuˋ ˍdʻiaŋ ʔan ˍziˋ iɛk ˍgʻiː
百年世事不勝悲。	pɐk ˍnien ɕiəˋ dzʻiˋ piuətˋ ɕiəŋˋ ˍpwi
王侯第宅皆新主，	ˍɣiwaŋ ˍɣəu dʻieiˋ ɖʻɐk ˍkai ˍsiĕn ˊtṣiu
文武衣冠異昔時。	ˍmiuən ˊmiu ʔiĕi ˍkuan iːˋ siɛk ˍziː
直北關山金鼓震，	ɖʻiək pək ˍkwan ˍṣan ˍkiĕm ˊkuo tɕiĕnˋ
征西車馬羽書馳。	ˍtɕiŋ ˍsiei ˍkiwo ˊma ˊɣiu ˍɕiwo ɖʻiĕ
魚龍寂寞秋江冷，	ˍŋiwo ˍliwoŋ dzʻiek mɑk ˍtsʻiŏu ˍkɔŋ ˊlɐŋ
故國平居有所思。	kuoˋ kwək ˍbʻiɐŋ ˍkiwo ˊɣiŏu ˊṣiwo ˍsiː

其 二

瞿塘峽口曲江頭， ₍g'ĭu ₍d'ɑŋ ɣɑp⁼ ‵k'əu k'ĭwok⁼ ₍kɔŋ ₍d'əu
萬里風煙接素秋。 mĭwɐn⁾ ‵liː ₍pĭuŋ ˀien tsĭɛp⁼ suo⁾ ₍ts'ĭəu
花蕚連城通御氣， ₍xwa ŋɑk⁼ ₍lĭɛn ₍ȡʑĭɛŋ ₍t'uŋ ŋĭwo⁾ kĭəi⁾
芙蓉小院入邊愁。 ₍b'ĭu ₍ĭwoŋ ‵sĭɛu ɣĭwɐn⁾ ȵʑĭəp⁼ ₍piwen ₍dz'ĭəu
珠簾繡柱圍黃鵠， ₍tɕĭu ₍lĭɛm sĭəu⁾ ȡ'ĭu⁾ ɣĭwəi ₍ɣĭwɑŋ ɣuok⁼
錦纜牙檣起白鷗。 ‵kĭəm lɑm⁾ ₍ŋa ₍dz'ĭaŋ ‵k'ĭː b'ɐk⁼ ˀəu
回首可憐歌舞地， ₍ɣuɑi ‵ɕĭəu ‵k'a ₍lien ₍ka ‵mĭu d'i⁾
秦中自古帝王州。 ₍dz'ĭĕn ₍ȶĭuŋ dz'i⁾ ‵kuo tiei⁾ ɣĭwɑŋ ₍tɕĭəu

劉長卿　長沙過賈誼宅

三年謫宦此棲遲， ₍sɑm ₍nien ȶæk⁼ ɣwan⁾ ‵ts'ĭe ₍siei ȡ'i
萬古惟留楚客悲。 mĭwɐn⁾ ‵kuo ₍wi ₍lĭəu ‵tʂ'ĭwo k'ɐk⁼ ₍pwi
秋草獨尋人去後， ₍ts'ĭəu ‵ts'ɑu d'uk⁼ ₍zĭĕm ȵʑĭĕn k'ĭwo⁾ ₍ɣəu
寒林空見日斜時。 ₍ɣɑn ₍lĭĕm ‵k'uŋ kien⁾ ȵʑĭĕt⁼ zĭa ₍ʑĭː
漢文有道恩猶薄， xɑn⁾ ₍mĭuən ‵ɣĭəu d'ɑu⁾ ˀən ₍ĭəu b'ɑk⁼
湘水無情弔豈知？ ₍sĭaŋ ‵ɕwi ₍mĭu ₍dz'ĭɛŋ tieu⁾ ‵k'ĭəi ₍ȶĭe
寂寞江山搖落處， dz'iek⁼ mɑk⁼ ₍kɔŋ ₍ʂan ₍ĭɛu lɑk⁼ tɕĭwo⁾
憐君何事到天涯。 ₍lien ₍kĭuen ₍ɣa dz'ĭː⁾ tɑu⁾ t'ien ₍ŋĭe

李商隱　隋宮

紫泉宮殿鎖煙霞， ‵tsĭe ₍dz'ĭwɐn ₍kĭuŋ d'ien⁾ ‵sua ˀien ₍ɣa
欲取蕪城作帝家。 ĭwok⁼ ‵ts'ĭu ₍mĭu ₍ʑĭɛŋ tsɑk⁼ tiei⁾ ₍ka

玉璽不緣歸日角， ŋĭwok ⁽siɛ ⁽pĭuɐt ⁽ĭwən ⁽kĭwěi ȵʑĭět kɔk
錦帆應是到天涯。 ⁽kĭəm ⁽bʼĭwɐm ʔĭəŋ⁾ ⁾ẓiɛ tɑu⁾ ⁽tʼien ŋai
於今腐草無螢火， ⁽ʔĭwo ⁽kĭəm ⁽bʼĭu⁾ ⁽tsʼɑu ⁽mĭu ɣĭwɛŋ ⁽xwɑ
終古垂楊有暮鴉。 ⁽tɕĭuŋ ⁽kuo⁾ ⁽ẓwiɛ ⁽ĭaŋ ⁽ɣĭěu muo⁾ ʔɑ
地下若逢陳后主， dʼi⁾ ɣɑ⁾ ȵʑĭak ⁽bʼĭwoŋ ȡʼĭěn⁽ ɣəu⁽ ⁽tɕĭu
豈宜重問後庭花。 ⁽kʼĭěi ŋiɛ ȡʼĭwoŋ mĭuən⁾ ɣəu⁽ dʼieŋ ⁽xwɑ

陸　七言絕句

賈至　巴陵與李十二裴九汎洞庭

楓岸紛紛落葉多， ⁽pĭuŋ ŋɑn⁾ ⁽pʼĭuən ⁽pʼĭuən lɑk⁾ ĭɛp⁾ ⁽tɑ
洞庭秋水晚來波。 dʼuŋ⁾ ⁽dʼieŋ ⁽tsʼĭěu ⁽ɕwi ⁽mĭwɐn ⁽lɑi ⁽pɑ
乘興輕舟無近遠， ȡʼĭəŋ⁽ xĭəŋ⁾ ⁽kʼĭəŋ ⁽tɕĭəu ⁽mĭu gʼĭən⁽ ɣĭwɐn⁽
白雲明月弔湘娥。 bʼɐk⁽ ɣĭuən ⁽mĭwɐŋ ŋĭwɐt⁽ tieu⁾ ⁽sĭaŋ ŋɑ

岑參　逢入京使

故園東望路漫漫， kuo⁾ ⁽ɣĭwɐn ⁽tuŋ mĭwaŋ⁾ luo⁾ ⁽muɑn ⁽muɑn
雙袖龍鍾淚不乾。 ⁽ʂɔŋ zĭəu⁽ ⁽lĭwoŋ ⁽tɕĭwoŋ lwi⁾ ⁽pĭuət ⁽kɑn
馬上相逢無紙筆， ⁽mɑ ʑĭaŋ⁾ ⁽sĭaŋ ⁽bʼĭwoŋ ⁽mĭu ⁽tɕĭɛ pĭět
憑君傳語報平安。 ⁽bʼĭəŋ ⁽kĭuən ȡʼĭwɐn⁽ ŋĭwo pɑu⁾ ⁽bʼĭwɐŋ ʔɑn

劉禹錫　石頭城

山圍故國周遭在， ⁽ʂăn ⁽ɣĭwěi kuo⁾ kwək⁾ ⁽tɕĭěu ⁽tsɑu ⁽dzʼəi
潮打空城寂寞回。 ⁽ȡʼĭɛu ⁽taŋ ⁽kʼuŋ ȡʼĭɛŋ⁽ dzʼiek mɑk⁾ ɣuɑi

淮水東邊舊時月，ᵞwai ʿɕwi ₍tuŋ ₍piwen g‛ĭəu̯ ₍ẓiᵡ ŋĭwet₎
夜深還過女牆來。ĭaʾ ₍ɕĭəm ᵞwan kuɑʾ ₍nĭwo dzʿĭaŋ ₍lɑi

元稹　聞樂天左降江州司馬

殘鐙無焰影幢幢，₍dzʿɑn ₍təŋ ₍mĭu ʾĭɛmʾ ʿĭɐŋʾ ɖʿɔŋ ɖʿɔŋ
此夕聞君謫九江。ʿtsʿiĕ zĭɛk ₍mĭuən ₍kĭuən ţ‛æk ʿkĭɐu ₍kɔŋ
垂死病中驚坐起，₍ẓwiĕ ʿsi bʿĭɐŋʾ ₍ţĭuŋ ₍kĭɐŋ dzʿuɑʾ ʿkʿiᵡ
暗風吹雨入寒窗。ʾɑmʾ ₍pĭuŋ ₍tɕʿwiĕ ʿɣĭu ȵźĭəp ₍ɣɑn ₍tʂʿɔŋ

杜牧　泊秦淮

烟籠寒水月籠沙，ʾien ₍luŋ ᵞɑn ʿɕwi ŋĭwet ₍luŋ ₍sɑ
夜泊秦淮近酒家。ĭaʾ bʿɑk ₍dzĭĕn ᵞwai gʿĭənʾ ʿtsĭɐu ₍kɑ
商女不知忘國恨，₍ɕĭaŋ ʿnĭwo pĭuət ₍ţĭĕ ₍mĭwaŋ kwək ᵞənʾ
隔江猶唱後庭花。kæk ₍kɔŋ ₍ĭəu tɕʿĭaŋʾ ᵞəuʾ dʿien ₍xwa

中 國 音 韻 學 導 論